文化转向视角下的英汉翻译问题再审视

王 燕 著

吉林大学出版社
·长春·

图书在版编目(CIP)数据

文化转向视角下的英汉翻译问题再审视 / 王燕著
. —长春：吉林大学出版社，2019.8
ISBN 978-7-5692-5329-0

Ⅰ.①文…　Ⅱ.①王…　Ⅲ.①英语—翻译—研究
Ⅳ.①H315.9

中国版本图书馆 CIP 数据核字(2019)第 192800 号

书　　名	文化转向视角下的英汉翻译问题再审视 WENHUA ZHUANXIANG SHIJIAO XIA DE YINGHAN FANYI WENTI ZAI SHENSHI
作　　者	王　燕　著
策划编辑	孟亚黎
责任编辑	孟亚黎
责任校对	赵　莹
装帧设计	马静静
出版发行	吉林大学出版社
社　　址	长春市人民大街 4059 号
邮政编码	130021
发行电话	0431－89580028/29/21
网　　址	http://www.jlup.com.cn
电子邮箱	jdcbs@jlu.edu.cn
印　　刷	北京亚吉飞数码科技有限公司
开　　本	787mm×1092mm　1/16
印　　张	16
字　　数	207 千字
版　　次	2020 年 3 月　第 1 版
印　　次	2020 年 3 月　第 1 次
书　　号	ISBN 978-7-5692-5329-0
定　　价	76.00 元

版权所有　翻印必究

前　言

随着翻译学科的不断发展,翻译研究也开始有所突破,不再局限于纯粹语言层面的探讨,逐渐上升到文化层面,从文化角度出发探索影响翻译的各个因素之间的关系。翻译活动也被赋予文化交流的功能和意义,承担起在不同国家和民族之间传播文化的职责。1990年,苏珊·巴斯奈特(Susan Bassnett)和安德烈·勒菲弗尔(Andre Lefevere)共同提出了"文化转向"理论,该理论强调文化在翻译中的重要性。虽然该理论导致翻译研究出现了很多新的问题,但其有效扩展了翻译研究者和译者的视野,并指引着他们从新的视角对翻译理论和实践进行研究。

在21世纪,不同国家和民族间文化交融的不断深入已经成为时代大背景,中国与世界各国的交流日益频繁,而翻译在交流过程中发挥的重要作用是不言而喻的。因此中国社会对具备跨文化交际能力的翻译人才要求越来越高,需求也越来越大。鉴于翻译研究的最新发展、文化转向视角下翻译研究出现的问题以及社会对翻译人才的需求,作者精心撰写了《文化转向视角下的英汉翻译问题再审视》一书,目的在于对文化转向视角下的英汉翻译问题进行重新审视,同时希望对翻译研究的发展以及翻译人才的培养略尽绵薄之力。

本书共包含十章内容。第一章和第二章对文化和翻译的相关内容进行了综述,便于读者对二者有一个基本的了解。第三章对文化转向视角下的翻译进行了论述,包括翻译文化转向的意义、文化翻译的原则与策略以及文化翻译的误区。第四章对西方典型的文化翻译观进行了具体说明。第五章重点对林语堂的文化翻译观进行了分析。第六章对最具有代表性的文化负载词的翻译进行了研究。第七章至第十章对文化转向视角下的文化负载词的英汉习语、典故、禁忌语、人名、景点名称、数字、饮食、服饰、节日、颜色、动物和植物的翻译进行了详细探究。

  总体而言,本书以文化的视角对英汉翻译的相关问题进行了再审视,呈现出十分鲜明的特点,集中体现在以下几个方面。第一,观点新颖,研究视角创新。本书打破了传统仅从语言角度进行翻译研究的界限,从文化视角出发对英汉翻译问题重新进行审视,拓宽了翻译研究的思路,顺应了当前翻译研究的发展趋势。第二,理论与实践紧密结合。本书首先对文化转向视角下的翻译理论进行详细分析,然后在此基础上具体探讨了文化转向视角下的英汉翻译实践,以理论指导实践,以实践验证理论,做到了理论与实践的有机结合,而且符合读者的认知规律。第三,本书结构严谨合理,逻辑清晰有序,内容丰富翔实,而且重点突出,实用性极强,无论对于教师、学生,还是专门致力于翻译研究的专业人士而言,本书都有着重要的学习和借鉴价值。

  为确保本书的准确性与科学性,作者在成书过程中参阅了大量文献和专著,并引用了部分专家和学者的观点,在此一并表示感谢。因写作水平有限,书中难免有错误和疏漏之处,恳望广大读者批评指正。

作 者

2019 年 4 月

目 录

第一章　文化综述	1
第一节　何为文化	1
第二节　文化的功能与特点	11
第三节　中西方文化发展简史	17
第二章　翻译综述	31
第一节　何为翻译	31
第二节　翻译的过程与标准	44
第三节　翻译对译者的要求	50
第三章　文化转向视角下翻译综述	63
第一节　翻译文化转向的意义	63
第二节　文化翻译的原则与策略	65
第三节　文化翻译的误区	76
第四章　西方典型的文化翻译观	79
第一节　玛丽·斯内尔-霍恩比的文化翻译观	79
第二节　苏珊·巴斯奈特的文化翻译观	81
第三节　安德烈·勒菲弗尔的文化翻译观	85
第五章　林语堂的文化翻译观	100
第一节　林语堂的翻译活动及理论	100
第二节　林语堂翻译的语言观	103
第三节　文化转向视角下林语堂翻译的审美再现	112
第六章　文化负载词的翻译研究	122
第一节　何为文化负载词	122
第二节　阐释学视角下文化负载词的翻译研究	126

第三节　生态翻译学视角下文化负载词的翻译研究 …… 131
　　第四节　关联理论视角下文化负载词的翻译研究 …… 148

第七章　文化转向视角下英汉习语、典故、禁忌语的翻译 …… 154
　　第一节　文化转向视角下英汉习语的翻译 …… 154
　　第二节　文化转向视角下英汉典故的翻译 …… 160
　　第三节　文化转向视角下英汉禁忌语的翻译 …… 164

第八章　文化转向视角下英汉人名、景点名称、数字的翻译 …… 175
　　第一节　文化转向视角下英汉人名的翻译 …… 175
　　第二节　文化转向视角下英汉景点名称的翻译 …… 183
　　第三节　文化转向视角下英汉数字的翻译 …… 191

第九章　文化转向视角下英汉饮食、服饰、节日的翻译 …… 199
　　第一节　文化转向视角下英汉饮食的翻译 …… 199
　　第二节　文化转向视角下英汉服饰的翻译 …… 207
　　第三节　文化转向视角下英汉节日的翻译 …… 213

第十章　文化转向视角下英汉颜色、动物、植物的翻译 …… 218
　　第一节　文化转向视角下英汉颜色的翻译 …… 218
　　第二节　文化转向视角下英汉动物的翻译 …… 225
　　第三节　文化转向视角下英汉植物的翻译 …… 231

参考文献 …… 236

结语 …… 245

第一章 文化综述

"文化"一词自出现以来,由于自身所具有的复杂性和综合性特点,受到了历代学者的关注和研究。众所周知,区域不同,所形成的文化便不同,其中不仅包括精神文化的不同,而且包括地域文化、生态文化的不同。文化领域的这些差异为人们的顺利交流与沟通带来了各种各样的障碍。为了减少沟通中的文化障碍,人们在长期的研究过程中积累了丰富的经验,并形成了系统的文化理论内容。为此,本章主要对何为文化、文化的功能与特点、中西方文化发展简史展开研究。

第一节 何为文化

一、文化概念的演变

很多学者对文化进行了思考,其观点可谓是见仁见智。这里先就其中较有代表性的定义进行分析。

(一)英语中的演变

英语中的"culture"一词来源于拉丁文"cultura",表示"耕种、居住、保护和崇拜"的含义。它的含义由"犁"进化而来,表示一种过程和动作,后来又转变为"培养人的技能、品质"。到了18世纪,该词的含义进一步转变,表示"整个社会里知识发展的普遍状态""心灵的普遍状态和习惯"和"各种艺术的普遍状态"。

首次给"文化"一词下定义的学者,应该算是英国人类学家爱德华·伯内特·泰勒(Edward Burnett Tylor)。学术界普遍认为,他对文化所下的定义,是一种经典性的定义。他在19世纪70年代出版的《原始文化》一书中强调,在民族学的框架内,文化是由知识、信仰、艺术、道德、法律、习俗以及作为一个社会成员的人所习得的其他一切能力和习惯组成的一个整体。①

萨姆瓦(Larry A. Samovar)等人是研究有关交际问题的学者,他们强调,许多前辈不断在研究上投入更多的精力和心血,因此使得更多的知识、信念等精神元素以及一些物质元素展现在世人面前,这些统统可以称为文化。②

美国社会学家伊恩·罗伯逊(Ian Robertson)对社会学进行了颇多思考,他认为在社会学的范围内文化就是供人们使用的物质和非物质产品。

莫兰(Moran,2004)指出,时代在变,社会环境在变,人类的价值观和生活方式也在变,这就是文化所导致的结果。文化包括物质方面,也包括精神方面。③

(二)汉语中的演变

"文化"一词的含义经过了漫长的历史演变,它在古汉语和现代汉语中有着截然不同的含义。"文化"一词首次出现在汉代的《说苑·指武》中,来自"文化不改,然后加诛"这句话,这里的"文化"对应"武务",表达的是一种治理社会的方法和主张。

南齐王融《三月三日曲水诗序》中记载:"设神理以景俗,敷文化以柔远。"在此处,"文化"是指用诗书礼乐等感化、教育人。

我国《辞海》指出,广义的文化是将人类在劳动实践过程中所创造的物质文明和精神文明相加以后的结果;狭义的文化是指社

---

① 严明. 跨文化交际理论研究[M]. 哈尔滨:黑龙江大学出版社,2009:2.
② 闫文培. 全球化语境下的中西文化及语言对比[M]. 北京:科学出版社,2007:26.
③ 侯贺英,陈曦. 文化体验理论对文化教学的启发[J]. 时代经贸,2012,(2):16.

会上主流的感观思想以及相对应的制度、机构。①

张岱年和程宜山认为,人类生存于世,就需要处理与自己、他人和事物之间的关系,在这个过程中人类就启用了一定的思维方式和行为,这就是文化。②

金惠康指出,文化是生产方式、生活方式、价值观念以及社会准则等构成的复合体。③

二、文化的要素

文化由各种各样的材料构成,这些材料即为文化的要素。

(一)认知体系

认知(cognition)是人类个体内在心理活动的产物,具体指"主体赖以获取知识与解决问题的能力"(孙英春,2008)。人类通过认知而对客观世界有所认识,对周围世界的信息进行有选择的收集,同时就客观世界中的刺激做出相应的反应。

认知体系主要包括感知、思维方式、世界观、人生观、价值观等要素。从很大程度上来看,认知系统可被看作一个文化群体的成员评价行为和事物的标准。这一标准存在于人的内心,同时通过人的态度与行为得以体现。

认知体系是跨文化传播学重点关注的文化要素之一。对于不同社会文化或民族群体中的人而言,受生活环境与生活经验的影响,其认知也有所不同。

(二)规范体系

规范(norms)是人们参与社会活动的共同标准,涉及习俗、道德、法律、制度等。规范对不同文化群体成员的活动方向、方法和

---

① 严明. 跨文化交际理论研究[M]. 哈尔滨:黑龙江大学出版社,2009:2.
② 闫文培. 全球化语境下的中西文化及语言对比[M]. 北京:科学出版社,2007:27.
③ 金惠康. 跨文化交际翻译续编[M]. 北京:中国对外翻译出版公司,2003:35.

式样进行了明确的规定。此外,各种规范之间互相联系、互相渗透、互为补充,对人们的各种社会关系和社会交往活动起着调整的作用。

(三)语言和非语言符号

在人类的社会生活中,人们的交往和沟通均是通过语言符号与非语言符号实现的,在此基础上创造文化。此外,语言和非语言符号是文化积淀和储存的手段,各个文化要素需要借助语言和非语言符号体现出来,并传承下去。

(四)社会组织与家庭

社会组织是实现社会关系的实体。要确保各种社会关系得以实现和运行,每一种文化必须构建一些社会组织。具体而言,保证各种社会关系运行的实体包括家庭、生产组织、教育组织、政治组织、娱乐组织等。

其中,家庭(family)是在婚姻、血缘关系或收养关系基础上形成的亲属间的社会组织。家庭是最古老、最基本的一种社会组织。

家庭是文化构建的基本组织,告诉我们世界的样子及我们在世界中的位置:家庭将一个个生物机体转化为社会人,从孩童起传授人最基本的态度、价值观以及行为方式。人与人的一切社会关系与社会交往,均是基于家庭而形成与发展的。

(五)历史

历史是理解文化的中介。历史也是文化价值、文化理想及文化行为的起源。

历史主要是人类活动的过程与记录。文化是历史的一个重要组成部分。文化特性均能在历史事实中找到答案。

进一步说,文化的现实是历史的延续,现实中的文化要素均可在历史中找到其嬗变的轨迹。所以,要对某一文化现象有所理解,既要关注其所涉及的内容,还要对其所形成的历史过程有所理解。

在文化与传播研究领域,"文化"与"历史"两个词一般是可以互换的。其原因在于历史是隐藏在文化深层结构中的要素,各种文化都有其各自的历史。

(六)物质产品

文化的物质产品是经过人类改造的自然环境与创造出来的所有物品。建筑、计算机、汽车等都属于文化的物质产品,它们能体现出文化的价值观、需要、目标和关注点。

物质产品与其他文化要素息息相关。物质产品"凝聚着人们的观念、智慧、需求和能力,也为人们建立和开展各种社会文化交往,维系各种社会关系的结构、功能和秩序提供了基本的物质依托"。[①]

在中国文化中,"四大发明"就是重要的物质产品。它们传入欧洲后,为文艺复兴运动和新航路的发现做好了物质与技术层面的准备,在很大程度上推动了世界文明和历史的发展进程。

三、文化的类别

(一)从文化结构解剖的视角

1. 二分法

文化和交际总是被放到一起来讨论,文化在交际中有着无可替代的地位,并对交际的影响最大,因此有学者将文化分为交际文化和知识文化。那些对跨文化交际直接起作用的文化信息就是交际文化,而那些对跨文化交际没有直接作用的文化就是知识

---

① 孙英春.跨文化传播学导论[M].北京:北京大学出版社,2008:17.

文化,包括文化实物、艺术品、文物古迹等物质形式的文化。

艺术作品、文物古迹都属于知识文化,其主要是通过物质表现形式呈现出来。交际文化是指在语言交际中隐含的文化,多是以非物质为表现形式。一般知识文化不对跨文化交际产生影响,而交际文化会对跨文化交际产生影响,所以相比较而言跨文化交际更应被人们重视。

交际文化又可细分为外显交际文化和内隐交际文化。外显交际文化是指那些比较外显的生活方式、社会习俗等。内隐交际文化是指那些隐含的、不易被察觉的价值观、世界观、思维方式等,其决定着人们的行为方式,反映着人们做出这种行为方式的心理动机。下面来了解一下文化的组成模式,如图1-1所示。

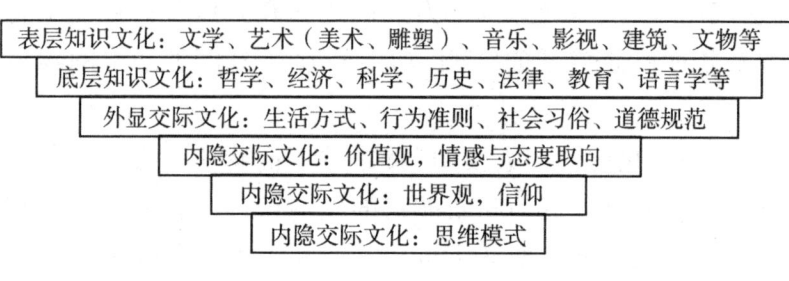

图1-1　文化组成模式

(资料来源:闫文培,2007)

2. 三分法

(1)物质文化、制度文化和精神文化。通常而言,三分法是将文化分为物质文化、制度文化和精神文化的分类方法。

人从出生开始就离不开物质的支撑,物质是满足人类基本生存需要的必需品。物质文化就是人类在社会实践中创造的有关文化的物质产品。物质文化是用来满足人类的生存需要的,只是为了让人类更好地在当前的环境中生存下去,是文化的基础部分。

人是高级动物,会在生存的环境中通过合作和竞争来建立一个社会组织。这也是人与动物相区别的一个地方。人类创建制度,归根到底还是为自己服务的,但同时也对自己有所约束。一个社会必然有着与社会性质相适应的制度,制度包含着各种规则、法律等,制度文化就是与此相关的文化。

人与动物的另一个本质区别就是人的思想性。人有大脑,会思考,有意识。精神文化就是有关意识的文化,是一种无形的东西,构成了文化的精神内核。精神文化是人类在认识世界和改造世界的过程中挖掘出的一套思想理论,包括价值观、文学、哲学、道德、伦理、习俗、艺术、宗教信仰等,因此也称为观念文化。

(2)民族文化、区域文化与阶层文化。三分法还可以指的是民族文化、区域文化与阶层文化。具体来说,民族文化是指世界各个民族在自身的发展过程中所创造的具有民族特色的文化,也是该民族历史传承的纽带。

区域文化是指不同地区由于地理环境与位置的差异而形成的带有明显区域特征的文化。不同阶层的职业和社会分工不同,其生活方式、文化活动等也会存在差别,因此就形成了各种各样的阶层文化。

(二)从人类学的视角

人类文化相当于一个金字塔,金字塔底部的是大众文化,金字塔中间的是深层文化,金字塔顶部的是高层文化。

大众文化是普通大众在共同的生活环境下共同创造出来的一种生活方式、交际风格等。

深层文化是不外现的,是内隐的,对大众文化有着指导作用,包括思维和价值观等。

所谓高层文化,又称"精英文化",它是指相对来说较为高雅的文化内涵,如哲学、历史、文学、艺术等。

(三)从支配地位的视角

文化一旦产生,就对生活在其中的人有着一定的规范作用和约束力。这是一种约定俗成的力量。一个社会中通常有多种文化,人们最终会按照哪一种文化规范来生活,就要看文化的支配地位了。因此,有人从文化的支配地位的视角,将文化分为主文化与亚文化。

所谓主文化,是在社会上占主导地位的,并被认为应该为人们所普遍接受的文化。主文化在共同体内被认为具有最充分的合理性和合法性。主文化具有三个属性:一是在权力支配关系中占主导地位,得到了权利的捍卫;二是在文化整体中是主要元素,这是在社会的更迭中形成的;三是对某个时期产生主要影响、代表时代主要趋势,这是时代的思想潮流决定的。

相对应地,亚文化是在社会中占附属地位的文化,它仅为社会上一部分成员所接受,或为某一社会群体所特有。亚文化也有两个属性:一是在文化权力关系中处于从属地位;二是在文化整体中占据次要的地位。虽然亚文化是与主文化相对应的一种文化,但是二者不是竞争和对抗的关系。值得注意的是,当一种亚文化在性质上发展到与主文化对立的时候,它就成为一种反文化。在一定条件下,文化与反文化还可以相互转化。文化不一定是积极的,反文化也不一定是消极的。

(四)从语用学的视角

语用学研究的是语言在一定语境中的具体意义。语境是理解语言的重要元素。因为文化和语言分不开,因此文化和语境也是相互联系的。语言依赖于语境,同样的,文化也对语境有一定程度上的依赖。但是,不同的文化对语境的依赖程度是不尽相同的。在不同的文化中,人们通过语境进行交际的方式及程度就存在着差异,而这种差异制约着交际的顺利进行。

按照文化对语境依赖程度的不同,可以将文化分为低语境文化和高语境文化。低语境文化是指对语境的依赖程度较低、主要借助语言符号进行交际的文化。高语境文化是指对语境的依赖程度较高、主要借助非语言符号进行交际的文化。西方国家通常是低语境文化,一些亚洲国家通常是高语境文化。

在低语境文化中进行交际时,人们大都是通过符号来传递交际信息的。而在高语境的文化中,交际环境和交际者的思维携带着大部分的交际信息。由此可见,语言信息在低语境文化内显得更为重要。他们在进行交际时,要求或期待对方的语言表达要尽可能清晰、明确,否则他们就会因信息模棱两可而产生困惑。而在高语境文化中,人们往往认为事实胜于雄辩,沉默也是一种语言。因此,低语境文化与高语境文化的成员在交际时易发生冲突。

虽然按照不同的视角,文化的分类不同。但是,有一点需要明确,那就是文化无优劣、高下之分。世界相当于一个村落,其中的任何民族和国家都享有平等的权利,其中的成员在人格上都是平等的,不应该因为文化的不同而被区别对待。例如,中国人习惯用筷子,西方人习惯用刀叉,有人说使用筷子有利于人脑发展,也有人说使用刀叉简单。因此,文化不是用来比较和评价的,只是用来促进交际的。

四、多元文化

世界各国在经济、政治等领域交往频繁,出现了一种前所未有的状态,加上信息技术的发展,致使多元文化逐渐呈现出来,给人们带来多层面、多角度的冲击。我们不仅是文化资产的受益者,也是狭隘文化的受害者。因此,我们需要理解人与人、人与信息之间的联结。

当今时代,除了少数单一民族外,大多数都是多民族国家。这些国家都经历了"主流同化主义—融合主义—文化多元主义"的发展进程。基于这一多民族的现状,不仅要对多元文化保证解决好、发展好,还需要努力实现国家的统一。可见,多元文化的提出正好体现了社会的发展,还体现了人们对文化研究的深入。

(一)多元文化的提出

在西方学术界,20世纪初期很多学者并不支持"同化论",他们对这一论断进行了严肃的批判,同时提出了一种新的文化观点,即"文化多元论"。1960年,西方民权运动在各个地区普及,导致了历史领域、教育领域等学者对多元文化主义展开了深入的研究与实践。

持"文化多元论"的学者认为,文化具有显著的历史性,特定的历史情境就决定了文化的特定意义。例如,有学者提出,文化是在一定的时间以及空间条件下,人类群体所形成的习俗、生活方式等。这一观点为多元文化主义的诞生奠定了基础。

"多元文化论"的主要观点是,一个国家精神层面的文化内容包括不同的信念、不同的行为方式,并且这些信念与方式都是相互平等的关系。在西方国家,后现代主义理论的众多代表学者也对多元文化主义十分赞赏,他们认为,多元文化社会中的人类群体不仅求知的手段会发生很大的改变,而且他们发展自身知识的方式同样也会发生较大的改变,所形成的新观念、意义与过去都将产生特别明显的区别。

显然,多元文化作为一种新的文化发展理念,在当前社会中不仅真实存在,而且具有各种突出的表现。

(二)多元文化的含义

20世纪中期,国内外对多元文化的理解大致趋同,都认为其代表的是两种不同的文化现象:其一,不同民族之间的文化;其二,殖民地以及半殖民地文化。中西方学者由于研究的角度以及内容不同,因而对多元文化的理解也是不同的。美国著名教育家詹姆斯·林奇(James Lynch,1989)认为,多元文化无处不在,大到全球,小到一个村庄、一个城镇、一个区域,其文化都是存在区别的,因而多元文化指的是多种文化并存的一种状态。

随着全球化程度的进一步加深,当前人们对多元文化这一概念的理解又进了一步。众多研究者都认为,不管是发达国家还是发展中国家,甚至是殖民地国家,都存在着统治与被统治的现状,这种现状体现在思想层面、价值观层面,在国家、民族、社会、地域、性别、年龄等层面都具有或多或少的体现。

第二节 文化的功能与特点

一、文化的功能

（一）化人功能

文化具有精神属性,这也是区别人与动物的重要方式,文化的这种属性也决定了文化的化人功能,具体体现为两个方面。首先,文化是积极的、先进的,通过文化人们可以愉悦身心、启蒙心智,获得精神上的满足感和幸福感。其次,文化具有理论指导力、舆论向导力等,这些能有效满足人类的需求,成为人类的精神力量,推动着人类不断走向光明。

（二）育人功能

文化具有知识属性,文化代表着知识,文化人代表着知识分子,可以说文化学习是知识不断积累的过程。文化的知识属性也决定了文化的育人功能。

育人并非指教育人,而是指改变人、培育人和提高人的水平。首先,文化促进人不断进化,借助文化,人们从愚昧走向文明,走向博学。其次,文化可以塑造人,人们总是在不断地学习各种文化知识,从而塑造自己的人格。最后,文化可以提升人的能力,通过学习各种知识,人的创造能力会有所提升,就会从体力劳动者转变为脑力劳动者。

（三）整合功能

社会需要通过文化的整合功能维系自身的团结与秩序的稳定,因此整合功能也是文化的重要功能。社会通过整合,可以协调文化内部各个部分之间的关系,使之形成一个和谐一致又联系紧密的整体。此外,同一个国家或同一个民族的制度、观念、行为等也需要规范,文化的整合功能恰好可以使这个国家或民族的成员能够对自己的国家或民族有一种归属感。通过文化对一个社会的不断整合,各个地区、各个民族的文化也互相融会贯通,从而达到加强民族团结、促进社会稳定与发展的目的。

(四)规范功能

文化的一个重要作用就是要形成各种各样的制度规范来约束人们的社会行为,从而保证一个社会能够有序运转和稳定发展。随着社会生产力的不断发展,人类文明在演变的过程中逐步出现了各种规章制度,这些制度可以维护社会生产的有序进行。如果社会成员的行为不能得到及时的引导和规范,社会就会陷入一种无序的状态。因此,文化的规范功能是保证社会有序发展的基本功能。

(五)反向功能

反向功能也是文化的重要功能。美国社会学家莫顿(R. K. Merton)在《社会理论和社会结构》一书中指出:"社会并非总是处于整合状态,非整合状态也兼而有之。"① 也就是说,个体和群体并不总是处于整合状态,违反社会规范的情况也时有发生。例如,社会的机会结构可视作是一种文化安排,在这种机会结构中,有些人在追求自己的目标时会采用合法的方式,有些人在追求自己的目标时会采用非法的方式。前种情况是文化的正向整合功能或状态的体现,后者则是文化的反向整合功能或状态的体现。针对文化的这一功能,在社会活动中就要发挥文化的正向整合功能,以保证社会体系的平衡。

---

① 转引自吴康宁. 教育的社会功能诸论评述[J]. 华中师范大学学报,1996,(3):77-78.

二、文化的特点

（一）进化性

文化会随着社会与时代发展而不断发生变化,这就决定了文化的稳定性是暂时的,而其发展性则是持续存在的。当前,经济全球化的趋势越来越明显,这种变化促进了不同民族之间的沟通与交流,进而引起了不同文化之间的融合与碰撞,在这一过程中,世界上的不同文化便遇到了新的发展契机。

有的学者经过研究之后认为,文化碰撞现象之所以出现,其根源就在于文化霸权主义的存在。西方很多经济发达国家将自己的文化、信仰灌输到其他国家和地区,从而方便其开展全球战略计划,由此带来了不同国家、民族之间在各种文化层面上的矛盾与冲突。

当社会环境、时代特征变得跟以前不同时,人们为了求得生存,不得不创造不同的文化,因为文化终究只是人们满足自身生存需求的手段之一。每一个时代都有与之前的时代不一样的地方,因此文化始终是在变的,就像人不可能经过同一条河流。文化又像一个洋葱,剥开外面那一层,还有里面那一层。所以,文化分为外层文化和内层文化。外层文化是人们表现在行为举止上的文化,内层文化是思想上的文化,是外层文化的内在根源。

国家、民族之间具有越来越多的交往,这其中必定包含着不同文化之间的交流。文化交流可能使得文化内部要素发生"量"的变化,"量"的变化也可能促使"质"的变化。外层文化要比内层文化更容易发生变化,并且变化得更多。也就是说,发生在衣、食、住、行等方面的变化要比信仰、价值观等方面的变化更加明显。

（二）表现性

文化具有外层和内层之分。人们的内层文化通过外层文化表现出来。因此,文化具有表现性。人是一种表现的动物。在创造文化的过程中,人类将认识世界的精神成果转化为外显有形的行为方式,因而这些行为方式就构成了文化的表象,从而指导着人们的生活方向。人们一方面必须接受这些法则的规范和引导,另一方面又在这种文化中展现人生的意义和价值。正是因为文化具有表现性,所以文化和交际常常被放到一起去讨论。我们常常讨论的交际冲突,很多都是由文化误解引起的。在交际中,误解是常见的一种现象,要想尽力避免误解的产生而使交际顺利进行,就需要交际双方对同一行为表现具有一致或相近的解释。在交际过程中隐藏着一种潜在的危险,那就是差异,交际的顺利进行要求交际双方共享一套社会规范或行为准则。

(三)民族性

文化具有民族性特征。人类学家克利福德·格尔茨(Clifford Geertz)这样说道:"人们的思想、价值、行动,甚至情感,如同他们的神经系统一样,都是文化的产物,即它们确实都是由人们与生俱来的能力、欲望等创造出来的。"[①]

这就是说,文化是被特定群体和社会的所有成员共同接受和共享的,一般会以民族形式出现,具体通过一个民族共同的语言、风俗习惯、心理素质和性格体现出来。

文化植根于人类社会中,而人类社会以聚居集中的民族为区分单位,因此文化也植根于民族的机体中。文化是一个由多种要素构成的复杂整体,在这个整体中,各要素互相补充、互相融合,共同塑造着民族性格。文化的疆界一般和民族的疆界一致。一个民族包含着不同的区域,在民族文化的大范围内,多种区域性文化常常并存。一个社会往往也包含众多民族,这些民族之间不可能保持文化的一致,因此在大的民族文化之下必定包括一些互有差异的亚文化。以下将中国文化作为例子,说明文化的民族性。

---

① 克利福德·格尔茨著,韩莉译. 文化的解释[M]. 上海:上海译林出版社,1999:63.

第一章 文化综述

1. 以伦理人情为中心

在中国人的思维和行为方式中,有一个突出的特点,那就是乡土情怀。乡土情怀已经成为整个中华民族的特质。乡土情怀又是以伦理人情为中心的,所以中国人倾向于以伦理人情为中轴来处理人际关系。

中国文化以伦理人情为中心,首先体现在宗法制度上。中国文化产生于大河流域的内陆农耕生产模式,农耕的生产模式决定了人际的合作模式大多以家族为主。文化的这一特点导致了群体或民族中心主义,这是人类在交际过程中的普遍现象。人们会无意识地以自己的文化作为解释和评价别人行为的标准,显然,群体或民族中心主义会导致交际失误,达到一定程度时会带来文化冲突。家族以血缘来维系人群关系,从而也决定了社会集结模式是以家族及家族体系为主导的,也继而决定了社会制度不自觉选择一种伦理中轴的宗法制度。封建社会将氏族社会体系带上了历史舞台,由于地主阶级发育得不成熟、不完整,因此继承了氏族社会的家族体系。正是在氏族社会体系的强大影响之下,中国文化中的宗法制度才成为主宰社会的最大命令。其次,它还体现在中国人所重视的道德感和责任感上。古代先贤就教育人们要修身,要当君子,要为国家做贡献。这些也可以成为我们现代社会的道德准则。在中国传统社会中,道德是天然的评判尺度,违反了道德就会遭到社会的唾弃。

2. 生命力与凝聚力强

在漫长的历史长河中,中国文化体系以其独特的物质文化和精神文化绵延传承下来,成为中华民族持续发展、进化的主要营养。中国文化具有顽强的生命力,不是没有原因的。

另外,中国文化是包容的、开放的,更是融合的,虽然历经西方文化的入侵,但是最终都向核心文化聚合。因此,我们可以看到每逢盛大的中国传统节日,海外同胞、海外侨胞要么回国,要么就在国外庆祝节日,他们都有着强烈的家国情怀。

(四)统摄性

每一种文化都具有一个或几个"文化内核",这些内核具有极强的向心力,可以统摄其他各种亚文化。文化的这种统摄作用,使得文化在外界环境的巨变中仍然保持着自身的特色。例如,在中国的传统文化中,融自然哲学、政治哲学和伦理哲学为一体的"天人合一"思想,以及"经国济世"等精神元素,作为中国文化的"内核",一直发挥着"整合"作用。不同文化有着不同的"内核",必然在价值观念、认知模式、生活形态上存在差异。如果交际双方不能理解对方的文化,就会导致交际冲突。

(五)传承性

文化具有传承性,是人类在进化过程中衍生和创造的一种代代相传的习得行为,对个体和社会的生存、适应和发展具有促进意义。也就是说,文化并非人类生来就有的,而是在社会化过程中逐渐习得的,每一个社会人只有依靠特定文化的力量才能生存与发展。

文化作为人的生存方式,具有个人与群体生活的基本职能。在某种意义上,"文化是为人类生命过程提供解释系统、帮助他们对付生存困境的一种集体努力"[1]。

人类对自身生存行为所做的解释,使共同价值体系得以形成。这种共同价值体系的制度反过来对人们的生存行为起着规范作用,决定人们与自然界进行物质交换的方式,同时对人们在生存活动中的相互关系进行调整。

(六)变化性

文化既是稳定的,又是发展变化的。一般而言,人类的每一

---

[1] 孙英春.跨文化传播学导论[M].北京:北京大学出版社,2008:3.

种文化都具有保持内部稳定的文化结构,体现为是相对稳定的习俗、道德、世界观、价值观等方面,在面对外部文化冲击时,能确保自身结构保持稳定与平衡。同时,文化是发展变化的。生产力的发展,新的发明创造、新的观念的出现,政治上的突变,经济的全球化趋势,均能在某种程度上推动文化的发展变化。

第三节 中西方文化发展简史

一、中国文化的西传与借鉴

中国是历史悠久、文明开化最早的国家。中国文化与西方文化共同为人类文明进步做出了突出贡献。

(一)秦汉到明代的文化

中华民族有着发达的农业和手工业,直到16～17世纪,中国文化依然走在世界前列。秦汉到明代中叶,文化发展的标志性事件主要包括张骞出使西域、宋元时期四大发明的西传、《马可·波罗游记》的诞生、郑和下西洋等。

1. 张骞出使西域

在出使的13年里,张骞经历了战乱流离、扣留软禁、奴役劳作、情感诱惑等各种情况,了解了西域的政治、经济、地理、风俗等。这次出使虽然没有达到联合其他民族的目的,但是为中西文化交流打开了一个通道。自此,西域与汉朝的贸易、文化往来日趋活跃,汉朝的丝绸通过西域运往更远的地方,因此形成了著名的"丝绸之路"。

2. 宋元时期四大发明的西传

宋元时期四大发明是借助阿拉伯人传入西方的。四大发明的西传直接导致了欧洲文艺复兴运动。以四大发明为代表的中国先进文化的西传,催生了西方资产阶级以及西方的近代化。

3.《马可·波罗游记》的诞生

1275年,马可·波罗来到中国,并在中国度过了17个年头。他到处游历,包括中国和其他国家,并撰写了震撼欧洲的《马可·波罗游记》一书。该书肯定了中国元朝发达的物质文明和精神文明,激起了欧洲探索中华民族的欲望。

4.郑和下西洋

明初,明成祖朱棣实行对外开放的政策,海上丝绸之路十分繁荣。郑和连续七次统率百艘巨舰以及众多官兵,渡过南洋、印度洋,到达红海,历经东南亚、南亚、西亚、东非的多个国家和地区,与所到国家和地区进行经济文化交流,主要是输出中国先进的物质文化、制度文化和精神文化。

(二)明代中叶到晚清的文化

从明朝万历年间,以利玛窦为代表的西方人士对西方文化在中国的传播做出了很大贡献,以徐光启为代表的中国知识分子对中国文化在西方的传播也做出了很大贡献,他们对中西文化的融汇都做出了有益的尝试。

明朝国力下降,平民百姓生活艰苦,由此引发了严重的社会危机。在这种形势之下,一些知识分子开始反思,开始倡导"经世致用"的求实精神,这也为西方新观念进入中国打开了一扇门。此时的西方世界在吸收了东方的先进文化之后,在资本主义生产关系和生产力方面表现出了强大的生命力,并开始迫切寻求海外市场。

但是,尚未进行工业革命的西方,生产力还不够发达,对文明程度较高的中国贸然采取行动也无法轻易取胜,于是开始深入中国,了解中国,试探中国。

意大利人利玛窦从1597年开始常驻北京,他非常熟悉中国传统文化。他为了融入中国社会,主动中国化,用知识和文化打动中国的士大夫,进而在这样一个古老而专制的社会里传播自己的信仰和文化。不同的文化在接触的过程中,必然产生冲突,区别在于冲突的严重程度如何。两种不同的历史文化在交流的过程中不可狂妄自大,而是要不断思考怎样才能融会贯通、消化吸收。在这次文化交流中,文化融合是主流,文化冲突是支流。

(三)近代中国文化

鸦片战争时期,中国经历了前所未有的历史大变局,这一祸根归因于中国人的心态与实际角色脱节一千多年而不自知,中国人不能意识到外来文化的挑战。于是,中国先进知识分子积极学习西方先进的科技和文化,以洋务运动、五四新文化运动为代表,并不断探索。

1. 洋务运动

以林则徐为代表的先进人士首先提出向西方学习,发起了旨在自强自救的洋务运动。洋务运动的指导思想是用西方的科学来巩固封建制度。洋务运动经历了三十个年头,在军事工业、工矿业及交通运输等领域积极向西方学习,创立了中国近代海军。但是,洋务运动的局限性也是很明显的,即引进的基本只是物质文明。

2. 五四新文化运动

第一次世界大战后,中国开始了由旧文化向新文化的转型。新文化运动倡导民主和科学,标志着中国人对西方现代文明的理解已经到达思想文化的深层结构。与此同时,马克思主义开始在中国广泛传播,它在本质上是中西文化交流的产物。在马克思主义与中国工人运动相结合的基础上,中国共产党诞生了,预示了中国文化必定独辟蹊径,走出一条不同凡响的道路。

通过以上简要回顾中国文化的发展变迁可以看出,文化作为上层建筑,自始至终受到经济基础的制约。近代之前,由于地理距离的遥远和科技、生产力的落后,世界各地之间的文化交流非常有限。张骞出使西域、甘英出使大秦、四大发明西传、郑和下西洋等,都是在国家强大的经济实力保障下进行的。到了近代,科技、通信、经济的发展,促使了文化大规模的发展。

根据虚实平衡法则,先进的文化总是向后进的文化输流;根据互通有无法则,后进的文化总是向先进的文化习仿。文化的交流是双向的,但时而平衡,时而不平衡。发展层次高的文化总是居于优势与主流,处于相对主动的地位,另一方则处于相对被动的地位。在两种文化的交锋中,弱势文化必然向强势文化靠拢,但这种靠拢要经历一个由浅入深、由表及里的过程。

任何文化交流在初始阶段,大抵都是非常表面的接触,尔后进一步的发展却正是建立在这些初步尝试的基础之上的。文化的相遇和交流没有快捷的方式,需要耐心、虚心与灵活度。文化的闭关自守是行不通的。文化隔离虽然在一定历史时期中巩固了文化的特质,但在总体上毕竟是与整个人类文化发展相背离的,也无法使民族文化永葆生机与活力。

任何民族的精神思想都需要外来的刺激和启发,单靠在固有文化圈内进行自我改进是不能持久的。吸收外来文化中先进的、适合自己的东西,文化就会蓬勃兴起;而不与外界进行交流,只在自己领地内近亲繁殖,文化就会逐渐衰弱。文化交流的主动性越强,文化复兴的可能性越大;如不主动进行文化交流,则会趋于边缘化或消亡。

二、西方文化的繁荣发展

(一)古希腊时期的文化

1. 思想文化

古希腊是西方哲学的故土,哲学在当时与其他学科交织在一起,被称为统摄群学的学问,苏格拉底、柏拉图、亚里士多德被称为哲学"三圣"。柏拉图把哲学分为辩证学、法学、物理学、伦理学等门类,亚里士多德则将哲学扩大到几乎包括讨论宇宙和人生的所有学问,因此当时的哲学家同时是自然科学家或其他学问的专家。

从公元前6世纪到前4世纪的希腊城邦,哲学被分为两个阶段,前期称为"自然哲学"时期,哲学家所探讨的主要问题是本体论问题,即宇宙本原问题,讨论了万物的起源或生成问题。后期称为人文哲学时期,此时的哲学研究,已从自然哲学转向了人的哲学,由对自然的认识转到了对人本身的认识。

古希腊哲学是人类理性发展的产物,是以理性代替了幻想,以智慧代替了想象,以经验的事实作为探索和解释的基础而产生的。被称为欧洲哲学之父的泰勒斯是米利都哲学学派的创始人,他早年曾游历过埃及和巴比伦,学习过几何学和天文学,经过多方面的科学活动,他认为万物的始基或本原来源于水,万物生于水,又复归于水。这反映了古希腊人对海洋的尊重,把水作为万物的创造者。爱菲斯学派的代表哲学家赫拉克利特继承了米利都学派的思想主张,认为运动是世界的普遍原则,火则是生命的本源,提出"我们不能两次同时踏进同一条河""太阳啊,每天都是新的,永远不灭的更新",从而指出万物流动的自然规律。

苏格拉底是古希腊人文哲学的鼻祖,他把哲学研究的对象直接指向人本身,他认为哲学是对人与社会的探讨,目的在于"认识自己"。他是西方思想史上第一个要求哲学应以"自我认识"开始的人。在知识论方面,他提出"美德就是知识",而知识的对象是"善","善就是自知和自律",要求人要有自知之明和能自我克制,强调了知识和行为的联系。在某种意义上讲,他是西方认识论和伦理学的奠基人。在论辩法上他善于在辩论中揭露对方的矛盾,通过提问把辩论引导到他所要达到的目标,后人把此种方法称为"苏格拉底反诘法"。苏格拉底常在雅典街头就人应具有的品格问题及真善美问题与人辩论。

柏拉图是苏格拉底的学生,曾在雅典郊外开办"学园",流传至今的有30篇对话,经常被人引用的有《辩诉篇》《法律篇》《理想国》等。柏拉图所创立的"理念论哲学"对西方的思想史和哲学史产生了巨大影响。他认为,理性世界与感性世界是对立的,感性的具体事物不是真实的存在,在感性世界之外,有一个永恒不变的、独立的、真实存在的理念世界。要获得理念,必须通过辩证思维,通过思维而达到理念,逐步上升为绝对理念,这是宇宙的最高和终极目的。除了理性,他又提出了意志和感情两重概念,还提出了三种美德论。三种美德指智慧、勇敢、节制,智慧是理性引导的结果,凭借意志坚持理性,就会产生勇敢,而理性控制感情就是节制。有了这三种美德后,才会有第四种美德,就是正义。

在艺术方面,他认为艺术家的创作是模仿个别事物的,因此艺术作品是"摹本"的"摹本",与理念隔了两层。艺术不可能表现出真正的美,真正的美是艺术无法表达的,美属于哲学,艺术的美不过是美的影子而已。

柏拉图认为除了自然和人之外,存在着高居其上的"理念"。柏拉图的理念论,引导人们不满足于感官的认识而去探究真理的精神,以及从局部经验向更高理性的认知方式发展,无疑会鼓励人们探求宇宙、探求自然,进而探求人的本身。

亚里士多德是柏拉图的学生,曾任亚历山大大帝年轻时的教师,他否认柏拉图的"理念论",认为离开个别事物的理念根本是不存在的,真正的知识存在于客观事物之中。

亚里士多德是古希腊文化的集大成者,他在哲学、政治学、伦理学、逻辑学、动物学、天文学、物理学、诗学、修辞学等诸多方面都有开创与建树,其著作有万种之多。他完成了古希腊哲学的系统化,提出科学分类的思想,还提出了有名的"二段论",为逻辑学的发展打下了基础。他的《修辞学》《诗学》奠定了西方文艺理论的基础,《理想国》则描述了一幅理想的国家范式。

在哲学上,他最大的贡献是提出了"一切事物都是'质料'和'形式'构成的'二元论'"的理论,他认为事物皆由质料和形式二者构成。例如,一尊大理石像,质料是大理石,形式是阿波罗形象,两者是不可分割的,而形式要比质料重要得多。形式使质料变为现有的事物,没有阿波罗这一形式,大理石就不可能成为大理石雕像,但质料和形式二者谁是本源的问题,亚里士多德没有解答。

2. 科学、艺术、历史学、技术

古希腊科学技术的成就是多方面的,数学家欧几里得在《几何原本》一书中,将各种定理、命题按照逻辑关系清晰地表达了出来,成为近代几何学的奠基人。著名数学家阿基米德发现宇宙定理,论证并发展了机械学的基本原理,特别是杠杆原理,成为力学与流体力学的创始人。天文学家埃拉托斯特尼根据"大地是球形"的原理,计算出地球周长为 39 600 千米,与实际长度 40 008 千米的数值相差不大。毕达哥拉斯在数学上提出著名的勾股定理。需要指出的是,古希腊科学家在探讨自然现象时注重深入事物的内部探究本质上的东西,尤其重视理论上的探讨,使哲学与科学相映生辉。

古希腊在文学艺术、历史学诸方面都取得了空前的成就,三大悲剧作家埃斯库罗斯、索福克勒斯、欧里庇得斯创作出了人类历史上早期的悲剧作品,奠定了西方悲剧文化的基础。在历史学方面,则出现了希罗多德、修昔底德、色诺芬三大历史学家。

(二)古罗马时期的文化

古罗马文化是古希腊文化的继承和发展,罗马文化继承了希腊文化的特质,在哲学、文学、戏剧、文字、雕塑诸方面都保留了希腊文化的遗风。罗马人使用的拉丁字母是世界上广为流行的字母体系,这已是不争的事实。拉丁字母是在继承希腊字母简单、美观、匀称、便于书写和阅读的优点上发展起来的。15 世纪的意大利,在书写上出现了"人文主义体",即大写体,另外还有一种草写体,后来分别衍生出用于印刷的楷体与手写的斜体这两种字体。

整个西欧、北美、澳洲及非洲的大部分地区均使用了拉丁字母,我国的汉语拼音方案也是在采用了拉丁字母的基础上制订出来的。

在哲学上,古罗马的流派众多,影响较大的有"斯多葛学派"。斯多葛学派由希腊人芝诺创立,这一学派认为,人生追求的是美德而不是快乐,人需要始终和自然保持一种和谐,要抑制一切欲望,舍弃人生的乐趣,听从命运的安排,方能达到美德的境界。这个学派还提出了较系统的"自然法"理论,认为"自然法"是正义与理性的体现,是任何个人及国家必须遵守的法则。由于文明人和野蛮人都具有自然法赋予的理性,因此人生来就是平等的。人们要消除对立和差别,所有人都能具有理性,从而形成一个社会共同体,这才是自然法要求的精神。社会应该是"世界国家",自然法应该是"世界法律"。显然,斯多葛学派不仅要求人们逆来顺受、安分守己,而且还要求消除所有的矛盾和对立,以实现世界国家的理想,这一理论反映了奴隶主贵族的愿望和要求。

斯多葛哲学的代表人物塞涅卡认为,人不过是肉体的囚犯,要获得幸福,就要抛弃肉体的欲望,而人活着的一个重要使命,就是不断和自己的肉体做斗争。该学派另一代表人物爱比克泰德对命运问题做了进一步论证,他认为人们的尊卑贵贱都是与生俱来的,每个人都要具备"忍耐""克制"的信念,遵守社会秩序。

在文学艺术创作方面,古罗马人在向古希腊人学习的基础上,在诗歌、散文、戏剧、人物传记诸方面都取得了辉煌的成就。散文方面,西塞罗的演说词和书信类散文,辞藻华美,词义生动,妙语连珠,且结构谨严,逻辑性强,具有很强的论辩性和说服力,被称为"西塞罗文体"。著名诗人维吉尔的《牧歌》歌颂了意大利的田园风光,表达了对生活的向往。另外,诗人贺拉斯、奥维德都创作了许多杰出的作品。在戏剧方面,出现了普劳图斯、泰伦斯两位戏剧艺术大师。在建筑上,古罗马人继承了古希腊人的美学传统,修建了大型的公共浴场,还建造了造型雄伟的凯旋门、记功柱等。

古罗马文化摒弃了古希腊文化中消极的成分,在文化观念上,古希腊王公贵族的挥霍无度、醉生梦死、骄奢淫逸、腐华奢靡等风气,在一定程度上被古罗马文化所否定。

(三)文艺复兴时期的文化

文艺复兴的核心是人文主义运动。就实质来看,人文主义是以个体本位为基础的资产阶级个人主义思潮。这一思潮的核心是人本观,显示以个人为中心的鲜明特征。正是借助这种新的价值观,人文主义思潮逐渐向整个思想文化领域渗透,形成文艺复兴这一新的文化运动。

欧洲社会经济的演变,是决定文艺复兴形成和发展的重要因素。14世纪初,由于生产技术的进步和生产力的提高,资本主义开始发展;15世纪末,随着地理大发现的发生和世界市场的形成,资本主义的发展得到进一步促进。但是,当时占统治地位的封建的生产关系却严重阻碍了资本主义前进的步伐,在这种情况下,资产阶级发起了这场反封建的思想文化运动。

人文主义思潮最早出现于意大利,这绝不是偶然的。随着意大利北部城市资本主义的萌芽,市民、农奴逐渐摆脱了封建依附体制的束缚,走出中世纪小生产的局面,投身于商品经济的大潮。在商品生产中,自由竞争和等价交换,使人们的思想观念发生了质的变化,由群体本位的人身依附渐渐转变为"个体本位"的独立意识,为人文主义思潮的勃兴,提供了深厚的社会思想土壤。

资本主义的萌芽促使了早期的资产阶级的形成。资产阶级拥有了经济权,进而也取得了政治上的权力,为了获取更多的利润,他们关心生产,改进技术,开辟新商道,扩大国内外市场。登上政治舞台后,这些资产阶级不同程度地参与了政治。

人文主义的思潮伴随着资本主义的萌芽而到来,首先出现在意大利北部的三个城市:威尼斯、热那亚、佛罗伦萨。这些城市已成为当时工商业的中心。城市的发达,改变了人们的生活方式,使人们的价值观发生了很大的变化，人们开始主动追求财富、自由、民主。因此，城市的发展打破了封建的生产关系，同时，新生资产阶级与此相应提出了新的生活要求。文艺复兴开始之际，意大利尚处在四分五裂中，城市之间的冲突、城市内部争权夺利的斗争、外敌的入侵，使整个城市动荡不安，城市居民企盼和平、希望安定就成为必然。封建军队的首领利用当时的形势和人们的情绪，在各个城市建立起了封建独裁政权以维持现有的社会秩序。这些专制君主上台后，纷纷招揽与重用那些熟悉古典文化、多才多艺的人文学者，让其充当政治顾问、文学侍讲、家庭教师、宫廷秘书、外交官等，客观上形成了尊重知识、尊重人才的风气，为人文主义的思想文化传播提供了有利的条件，有力地促进了文艺复兴的酝酿和发展。

大学对文艺复兴运动的兴起起到了不可替代的作用。随着资本主义的萌芽，为适应人们对知识和科学的渴求，大学教育发展较为迅速。到了14世纪，意大利已有18所大学，"大学是科学家的摇篮"，文艺复兴时期的许多人文学者都接受了大学教育，这时的大学设置了人文学科，传播世俗文化，以人和自然为研究对象，讲授学术、哲学、语言、文学等，促进了人文主义思想的形成和发展。

意大利有着深厚的文化底蕴，传统文化在推动意大利文艺复兴中也发挥了重要作用。图书院有大量的藏书，使人文主义者在研究古典文献中，找到了自由、平等、民主等思想的理论依据，并以古罗马的统一所营造的辉煌来针砭意大利的四分五裂。文艺复兴的核心是人文主义，人文主义的特色表现在以下几个方面。

其一，讴歌人的价值、人的尊严、人的力量，认为人是有理性的，有着无穷的创造力量。人文主义者彼得拉克在《秘密》《歌集》等作品中，表达了对人生的认识。他认为世界以人为中心，作为世界主宰的人，应当具有思想和行动的自由，自由的价值甚至高于生命。

其二，强调人有享受和追求现世幸福的权利。人文主义者歌颂人的感情和欲望,歌颂世俗生活的享乐。薄伽丘在其作品《十日谈》中强调,生活的唯一目的就是幸福。

其三,反对封建专制,反对封建世袭的等级观念,宣扬个性解放,主张自由平等。人文主义者抨击封建君主凭个人意志和好恶来统治国家,扼杀公民的自主要求和参政愿望,进而提出要打碎封建等级枷锁,打破封建贵族阶级的优越感,增强自信心,从根本上破除贵族等级制度的束缚,消除人格的自卑和怯懦,提倡人与人之间的平等和对自由的追求,实现个人的彻底解放。

其四,崇尚知识,崇尚理性。人文主义者反对封建的蒙昧主义,认为人之所以高贵,就在于理性的力量,"知识是快乐的源泉""知识就是力量",拥护中央集权,反对地方封建君主割据。所以,人文主义者追求的是一种全新的"开明君主制"的政治理想,想要实现国家政治统一,建立一个由"开明君主"统治下的强大的中央集权的政府,认为只有在统一君主的治理下,人类才能生活美好。人文主义者的这些主张反映了资产阶级的愿望和要求,为资本主义的充分发展准备了思想条件,提供了思想基础。

人文主义的思想文化成就是多方面的,文艺复兴最初是从文学上开始的。意大利出现了三位人文主义的主要代表,即但丁、彼得拉克、薄伽丘三人,他们被称为"文艺复兴三杰",是西方近代文化的先驱者。

最能代表法国文艺复兴精神的是小说家拉伯雷和散文家蒙田。拉伯雷是法国最著名也是欧洲最享有盛名的人文主义作家,学识渊博,多才多艺。他的五卷本长篇巨著《巨人传》,通过巨人国王卡冈都亚和其子庞大固埃的神奇故事,以夸张的手法歌颂了人类的智慧和力量,抨击了司法机关的贪污腐败,反映出人民不堪压迫、奋起反抗的历史趋势。作品的现实主义讽刺艺术,对后世的文学创作产生了巨大的影响。

蒙田是法国文艺复兴时期的重要作家。他的《随笔录》是一篇散文作品,同时是一部哲学和政治思想著作。该作品的问世标志着散文正式进入文学领域,该作品充分表达了对个性、人性的尊重及对整个世界、整个人类的关注。他用怀疑的态度揭露了人与生俱来的弱点和缺点,发掘了人性丑恶的一面,表达了人文主义者对自身人性的评价态度。

西班牙文艺复兴时期代表作家塞万提斯的不朽名著《堂·吉诃德》,表现了西班牙16世纪到17世纪社会政治、经济、道德、文化、风俗的各个方面,广泛反映了西班牙的社会生活,深刻揭露了封建贵族的骄奢淫逸,无情讽刺了骑士制度和骑士文学,对被压迫者的疾苦表现出深切同情,展示了作者的人文主义思想。

"文艺复兴"的文学,但丁开其端,莎士比亚终其大成。莎士比亚是欧洲文艺复兴时期最有成就的戏剧家和诗人,他一生共创作悲剧、喜剧、历史剧37部,还有两首长诗和154首十四行诗。他在作品中热情讴歌了人,称人是"宇宙的精华,万物的灵长"。他的戏剧创作多取材于古希腊、古罗马、意大利、英国古代的故事和传说,反映的都是英国的现实。他创造的哈姆雷特、奥赛罗、李尔王、夏洛克、罗密欧与朱丽叶等艺术形象,成为千古不朽的艺术典型,恩格斯称赞"莎士比亚创作的情节是生动性和丰富性的完美融合"。

(四)近代的文化

西欧从16世纪到20世纪初几百年间,发生了科学革命、政治革命、文化革命,确立了西方文化的历史地位,其文化成果令世人瞩目。

文学上,在启蒙运动时期,17世纪法国伟大剧作家莫里哀把喜剧艺术推向高峰。他在《伪君子》《吝啬鬼》中所塑造的人物形象,丰富了世界艺术典型的画廊。启蒙主义思想家伏尔泰、卢梭、孟德斯鸠、狄德罗都是著名文学家,伏尔泰的《老实人》、卢梭的《新爱洛伊丝》、孟德斯鸠的《波斯人信札》、狄德罗的《修女》,用文学的形式表达了启蒙主义者的思想。

此后,欧洲的社会巨变造就了许多艺术大师。德国歌德的《浮士德》《少年维特之烦恼》,深刻体现了人文主义精神。英国诗人拜伦以诗歌为武器,对"文明社会"进行揭露和批判,表达了对自由的渴望。雨果是法国浪漫主义文学最杰出的代表作家,他的《悲惨世界》描写了法国大革命的场景,提出了人道主义的理想。司汤达的《红与黑》则反映了法国王政复辟时期,上流社会对追求自由的年轻人的压制与迫害。巴尔扎克的《人间喜剧》成为19世纪法国整个社会历史的画卷。英国的狄更斯、俄国的列夫·托尔斯泰等作家,其作品都达到了文学艺术的巅峰。

17世纪的西方艺术,进入了一个新的时代,即巴洛克时代,这种艺术风格一反中世纪的传统,塑造出不规范的、奇特的艺术形象,其代表人物是意大利画家、雕塑家、建筑师贝利尼。在巴洛克艺术中,荷兰画派独树一帜,鲁本斯、伦勃朗的作品有着极高的艺术价值。

美国科学家迈克尔逊和莫雷在1887年进行了一次高灵敏度的光学试验,以检验牛顿的"以太"论。牛顿所描写的宇宙是物质的,物质由原子构成。由于"以太"的存在,物质的运动才成为万能,而"以太"是一种独特的透明载体,物质悬在其中,物质受到宇宙力量的推动,就在"以太"中运动。但试验结果表明,"以太"根本就不存在。这一论断,导致了爱因斯坦"相对论"的提出,"相对论"彻底否定了牛顿的理论。

爱因斯坦认为,物质和能量不是相同的东西,而是处于不同状态下的两种形式,两者可以相互转化。能量与物质的质量有关,一个力的物体,也可以释放出巨大的能量。只有运动是永恒的,物体的运动接近光的速度时,物体就缩小了。这表明,空间可以在运动中扩大或缩小,光本身也有质量,有质量就要受到重力的影响,因此遥远星球上的光线通过太阳重力场时,必然偏斜,试验确系如此。

爱因斯坦的相对论彻底推翻了牛顿定律,它告诉世人,宇宙中没有绝对的规律,宇宙是无限的。爱因斯坦的时空规律虽然对人文学科造成极大影响,但他依然没有指出人类社会的存在和人类思维的关系。

奥地利精神分析学家弗洛伊德创立了精神分析法,这又是一次伟大的革命,他的学说对传统道德造成了极大的冲击,鼓励人们向传统的世俗思想进行挑战,对公众的影响远远超过爱因斯坦的相对论。

弗洛伊德学说集中在他的《释梦》《日常生活心理病学》等著作中。19世纪以前的思想家和社会学家都把人看成理性的、有意识的,人们的思想和行为都受着外界力量的支配。弗洛伊德在看到人理性的一面的同时,也认识到人也是非理性的和具有潜意识的,潜意识受到内部力量的驱使。人时刻面临着不断的挑战,社会需要人把本能的冲动转化为思想,变为社会能接受的"超我",当转变失败时,就会产生精神病,潜意识中最有动力的则是性冲动。这样弗洛伊德就揭示了人类心中潜意识的奥秘,这一发现对建立在理性基础上的资产阶级的政治、经济、社会伦理等观念,无疑是一个沉重打击,引发了20世纪人类思想的大解放。

第二章　翻译综述

随着国门的打开，中外交流已经深入到社会的各个领域，因此翻译已经成为人们在日常生活中耳熟能详的词语。凡是涉及不同语言之间的交流，就有翻译存在的必要性。不管是哪个阶层的人，都知道翻译是一种语言到另一种语言的转换。翻译在语言交流中的媒介作用已经得到了人们的普遍认同，但这并不等于人们真正了解翻译及其运行机制。因此，本章就对翻译做基本的介绍。

第一节　何为翻译

一、翻译的定义

了解一个事物的开端，是对其基本概念进行界定。概念界定是所有理论研究和实践研究的起点。中外很多学者都对翻译进行了界定，表述不一，但是基本内核相似。

（一）西方的定义

西方对翻译下定义的学者非常多，在此仅介绍几种具有代表性的定义，罗列如下。

苏联翻译理论家费德罗夫（Fedorov）从信息传递的角度出发，认为源语文本所具有的独特内容和形式携带着一些信息，翻译就是用译语使这些信息再现。①

斯莱普（Slype）也是从对等的角度来定义翻译，认为翻译是在实现意义对等的条件下将源语文本用译语文本替换。

英国著名翻译理论家卡特福德（J. C. Catford）从等值的角度来界定翻译，认为翻译就是在保证等值的前提下用译语文本去替换源语的文本。②

美国著名翻译理论家尤金·奈达（Eugene A. Nida）坚持对等翻译观，认为翻译就是将源语文本呈现出来的风格以及表达的意义，用最自然、最接近的译语对等地体现出来。

（二）中国的定义

中国也有一些学者对翻译进行了研究，其研究成果以著作或论文的形式发表出来，其研究成果中就包含了对翻译的界定。

王克非将翻译视为一种文化活动，指出翻译是用译语再次展现源语的内涵。

孙致礼基于文化发展的角度，提出翻译是用译语来揭示源语的意义，从而实现文化的交流与发展以及社会文明的进步。

侯林平从跨文化交际的角度指出，翻译就是为了顺利地进行跨文化交际而用译语文本去传递源语文本的意图。

王宏印以译者和文本价值为切入点分析，认为翻译是以译者为主体，用译语准确转换源语从而获得与源语类似的文献价值的一种创造性思维活动。

张培基将翻译视为一种重新表达的语言活动，认为翻译就是用译语重新表达源语的内容。

谭载喜将翻译视为有艺术性质的技术，认为翻译是用译语来再现源语的意义的创造性过程。

---

① 何江波.英语翻译理论与实践教程[M].长沙:湖南大学出版社,2010:2.
② 同上.

二、主要的翻译理论流派

通过总结翻译现象和翻译活动，抽象概括出某种翻译理论，是所有翻译理论研究者的共同追求。随着众多学者对翻译理论研究的深度和广度的扩展，就形成了不同的翻译理论流派，这些流派从不同的角度和切入点来研究翻译，对翻译有着不尽相同的认识和理解。西方翻译有着几千年的历史，翻译理论成果丰富灿烂。国内从20世纪下半叶开始引进西方翻译理论，其接受和消化西方翻译理论的过程值得反思。这些西方翻译理论大大开阔了国内翻译研究者的视野，为国内的翻译理论研究奠定了扎实的基础。在此，将对七种主要的翻译理论流派进行具体的阐述。

（一）语言学派

从语言学的角度来研究翻译问题，是从奥古斯丁开始的，他是西方翻译理论的语言学传统的鼻祖和创始人。谈到语言，人们就会想到符号这个概念。在参照和继承了亚里士多德的"符号"理论的情况下，奥古斯丁指出语言符号包括"能指""所指"两种内容，并揭示了这两者和译者"判断"之间的相互关系。

既然是从语言学视角研究翻译，那么语言学的观点必然会影响着对翻译的研究。毫无疑问，西方翻译理论就是受到了斐尔迪南·德·索绪尔（Ferdinand de Saussure）的普通语言学理论的深刻影响。20世纪初，斐尔迪南·德·索绪尔详细说明了什么是语言以及什么是言语；并为辨别语言的历时和共时性提供了详细的解释，为此后翻译研究的语言学派构建了基本框架。也就是从这时候起，西方翻译学者纷纷注意到，语言理论可以为建构翻译模式提供理论支持。这也就导致翻译语言学派对翻译中的语言事实比较关注，如语音、词汇、句子、篇章等一些语言单元都是研究者们的着手点，研究者试图以此探索翻译活动的普遍规律。此外，他们深深地赞同"等值"理论，认为要进行翻译，必须先解决语言之间的转换问题。

随着越来越多的人加入翻译语言学派这个研究队伍,翻译语言学派像一棵大树一样生长得非常茂盛。翻译语言学派这个队伍中最具代表性的有尤金·奈达、罗曼·雅各布逊(Roman Jakobson)、约翰·卡特福德以及彼得·纽马克(Peter Newmark)。

1. 奈达

从1945年开始,奈达将主要精力放在了对翻译的研究上,其对西方翻译理论史的贡献几乎无人能及。他于1947年发表了《论〈圣经〉翻译的原则和程序》,这为西方语言学派科学地研究翻译掀开了新的篇章。他首次倡导要进行科学翻译,于是提出了"翻译的科学"这种打破历史的观点,翻译语言学派也因此被称为"翻译科学派"。他又将信息论引入翻译研究,创立了翻译研究的交际学派。奈达最著名的观点是翻译原则的"对等"观,包括动态对等和功能对等。

2. 雅各布逊

美国著名语言学家雅各布逊在1959年发表了《论翻译的语言学问题》一文,从语言学、符号学的角度审视翻译,提出了语内翻译、语际翻译和符际翻译三种翻译类型。雅各布逊认为,翻译必须考虑语言的功能以及语言的比较。雅各布逊一直坚持语言功能理论,使得翻译研究跳出了词汇、句子和语篇等的限制性框架结构,为翻译研究开拓了一种语境模式,重点关注翻译中语言的意义、等值、可译性和不可译性等根本问题。

3. 卡特福德

卡特福德注重从现代语言学视角诠释翻译问题,他提出了以下几个主要的翻译观点。

第一,要想进行适当的翻译,必须先确立语言之间的等值关系。

第二,翻译以"对等"为中心和准则。

第三,他创立了"转换"(shift)这一概念,并将其分为"层次转换"和"范畴转换"两种形式。

第四,他还思考了如何培养翻译人员的问题,对此他认为要辨别原文和译文在语言上的不同特征并分析两种语言的限制性因素。

4. 纽马克

英国学者纽马克从跨文化交际理论的视角和现代语言学的视角,提出了"交际翻译"和"语义翻译"两个重要的翻译策略。交际翻译力求接近原文文本,语义翻译则在目标语结构许可的情况下尽可能准确再现原文意义和语境。此外,他对雅各布逊的功能模式做出了修改,将文本功能分为寒暄功能、呼唤功能、表情功能、元语言功能、信息功能、审美功能等六种,并据此来系统描述、比较原语和目的语,以期建立文本类型的样板。

(二)功能学派

在20世纪70年代到80年代,由于翻译研究对语言学的依赖,翻译理论与实践出现严重分离的现象,翻译的功能学派就在这种情况下出现了。

功能学派翻译理论将分析翻译的角度延伸到了交际理论、行为理论、信息论、语篇语言学以及美学等领域,推翻了原文的权威地位,并从目标文本的立场去研究翻译。功能学派的主要代表人物有凯瑟琳娜·莱斯(Katharina Reiss)、汉斯·弗米尔(Hans Vermeer)、克里斯蒂安·诺德(Christiane Nord)、贾斯塔·霍茨·曼塔里(Justa Holz Manttari)等。

1. 莱斯

莱斯的研究呈现阶段性特征。在早期阶段,她主要研究语篇对等。但是,她在研究后期意识到翻译不存在对等,因此颠覆了之前的研究成果,转而研究翻译的功能,弗米尔也加入她的研究行列。在1971年出版的《翻译批评的可能性与限制》一书中,莱斯引入了功能范畴,使语言功能、语篇类型和翻译策略三者成为一个有机整体,使得基于原文与译文功能关系的翻译批评模式有了新的进展。功能派理论思想随之有了萌芽。

莱斯认为,文本类型是多种的,不同的文本类型对应不同的翻译方法。她将语篇分为"信息(Informative)文本""表情(Expressive)文本"和"感染(Operative)文本",这种划分只在译文和原文功能对等的时候才有意义。任何一种翻译类型都只出现在特定环境中,并有着特定的翻译目的。判断一篇译文质量优劣的标准是译文能否传达原文的主导功能。功能主要由接受者决定,目标文本的形态首先就要符合这种功能和目的。因为莱斯的文本类型划分只适合于特定条件,所以她的功能对等论不被视为常规标准而只被当作特殊标准。

2. 弗米尔

在批判莱斯的理论的基础上,弗米尔创立了目的论,以至于有人将功能学派称为"目的学派"。

弗米尔沿用了符号的概念,将翻译、符号与非语言行为联系起来,并认为符号的使用也是翻译目的所驱动的,受跨文化交际的制约。在他看来,翻译就相当于语言符号的转换和非言语行为。

弗米尔著名的目的论包括一系列的原则,最主要的是连贯原则和忠实原则和目的原则,并且目的原则统摄连贯原则和忠实原则。换言之,目的原则的要求是排在第一位的。

连贯原则主要针对的是语篇内的连贯,也就是指译文的前文和后文要有一定的逻辑关联,语言表达应该地道、真实、自然,并能够为目的语文化和交际提供某些价值。

忠实原则主要针对的是语篇间的连贯,也就是指译文和原文在内容和形式上应该有逻辑关联,但也并不是机械地要求译文和原文一模一样。面对同一篇文本,每一个译者可能有着不尽相同的理解,那么译文存在的目的和译者的理解就决定了忠实的程度和形式。

目的原则认为,翻译行为都具有一定的目的,译者在这个目的的指引下采取相适应的翻译方法。

在上述三个原则中,语篇间连贯从属于语篇内连贯,而二者同时受目的原则的统领。也就是说,当目的原则要求语篇间或者语篇内不连贯时,二者都将失去作用。

3. 诺德

诺德首先围绕语篇分析做了一些研究,其次探索了具体的翻译类型,并从哲学的视阈下探讨功能主义目的论。

诺德对翻译中人的因素尤其关注,如译文接受者、译者的双语能力与译者培训等方面。另外,她对忠实原则格外重视,并且在折中的思路下提出了"功能加忠诚"模式,此处的"功能"是指译文要让译语文化接受者受到某些启迪或者获得一些帮助,而"忠诚"是道德层面的概念,涉及的是翻译活动参与者之间的关系,强调译者应当通盘考虑所有参与者的期望。

4. 曼塔里

在冯·莱特(Gerog Henrikvon Wright)的行为理论和里宾(Jochen Rehbein)的功能语用学的基础上,曼塔里提出了翻译行为论,这对功能派翻译理论是一次新的拓展和完善。曼塔里特别重视行为参与者,包括信息发出者、信息接收者、译者、译文使用者,也同样强调环境条件,如时间、地点、媒介等,并且认为译者自始至终就是翻译行为中的关键人物,精通并且实施着跨语际转换。曼塔里强调,目的语文本本身携带着相关功能,这些功能需要在跨文化交际的视角下从语用角度才能实现。这就和译者主体性联系了起来,也就是说译者主体性的实现不仅有着语境的大前提,更需要做出"功能改变"。

(三)结构主义学派

1. 结构主义

结构主义作为一种认识事物的思维方式,引领了以结构分析法为特点的一股研究热潮。结构主义将所有事物都纳入结构中,并试图通过分析结构探索事物的本质。一个结构包含以下三种特性。第一,自我调整功能。自我调节是结构的本质特性,涉及结构的内在动力,具有一定的守恒性以及某种封闭性。不断变化的结构系统所产生的要素总是属于这个结构,并能保存该结构的规律。第二,动态性。一切结构都是一个变化着的转换系统。最初级结构呈现出数学群的状态,更高级别的结构显现出亲属关系。第三,整体性。结构中的各要素相互依存并且有机结合,最后产生的效果大于各个要素的简单叠加。

2. 后结构主义

后结构主义侧重结构的建构和解构。结构没有终极意义,因此解释的目的是强调事物的本身以及这个阐释过程。所有知识可以通过描写来得到,可以通过一定的中介或被组织在话语中而被理解。知识结构不是现实世界的准确表现,它随着情景的变化一直处在变化之中,也随之需要被重构。因此,学习不再是简单地由外到内地转移、存储知识,更多的是学习者自己主动构建知识的过程。

(四)解构学派

20世纪60年代后期,在反对结构主义的基础上,解构主义学派的翻译理论悄然兴起,强烈地冲击了传统的翻译理论。解构主义对本质的否定、对结构的拆除以及对译者的突出,给翻译研究注入了新鲜血液。首先,解构主义翻译理论认为,一部翻译作品的好坏,需要经过时间的检验。如果一部翻译作品能在长时间被读者所接受,并且使原文也经久流传,那才真的算是质量高的翻译作品。另外,原文和译文的差异是客观存在的,译者就是要将这种差异展现在读者面前,读者对这种差异的反应程度决定了一篇译文的价值。再者,原文与译文之间的关系是平等的,译文不需要靠近、复制原文,也就是说,所有文本都有"互文性",没有权威性和创造性。

解构主义的主要代表人物有瓦尔特·本雅明(Walter Benjamin)、雅克·德里达(Jacques Derrida)、保罗·德曼(Paul Derman)、劳伦斯·韦努蒂(Lawernce Venuti)。

1. 本雅明

解构主义翻译思想的萌芽起源于本雅明于1923年发表的《译者的任务》一文。他对可译性问题进行了研究,认为原作是否有翻译的需求,最大程度上决定了可译性,另外还要看是否有合适的译者。他的某些观点促使人们认识到,盲目追求忠实的翻译是不可取的,译作不是处于次要的位置,这对后来的解构学派翻译思想家颇有启发。

2. 德里达

德里达被称为"解构主义之父",他在1980年发表的《巴别塔之旅》一文中从哲学的角度对"翻译"进行了深度解构。德里达反对传统哲学中唯一本原的思想,并提出通过延异、播撒、踪迹、替补来瓦解"在场"(Presence)。在这四种解构主义策略中,延异是德里达自创的用来表现存在与意义之间的某种原始差异,从而瓦解结构主义意义确定性的关键术语。

3. 德曼

保罗·德曼深度挖掘语言的本质,并在其翻译思想中展现了哲学观点,但是他不对具体的翻译原则和方法提出过多的见解。他生前在一次演讲中指出,本雅明思想并非救赎式语言观,这打消了人们对本雅明思想的错误认识。他解构式地分析了可译性、译文和原文的关系等,角度新颖独特,引起了人们对翻译本质和过程的深入思考。

4. 韦努蒂

韦努蒂反对传统翻译以目的语为中心的做法,并认为译文不需要通顺,因此提出了"抵抗式翻译"的异化翻译策略。他运用德里达的解构主义思想展现了原文或译文的断裂,并借此批判了文本背后的权力关系。解构主义倡导译者和原文作者的平等以及译文和原文的平等,所以否认原文的终极意义。解构主义破碎了对象,也破碎了自己,它是没有任何特征的,也是没有尽头的。

(五)建构主义流派

在对结构主义和解构主义翻译理论进行批判的基础上,建构主义翻译理论出现了。建构主义翻译理论具有重构的性质,它以交往理性、实践哲学以及言语行为理论为基础。建构主义翻译理论对言语的实际运用更为关心,它认为言语主体的情感、目的等随着语境的变化而变化。在语言的实际使用中,要将构成性规则和调节性规则结合起来,才能使翻译准确、得体。另外,建构主义翻译理论还以共识性真理为真理观基础。这种真理观总是以当时人们的观念为评价的标准。当公众的共识产生变化时,人们的价值观也会随之变化。尽管如此,不以时间为转移的客观性仍符合真理观。译文不仅要具有合理性、可接受性,并符合知识的客观性,还要尊重、忠实原作的定向性和图式框架。

(六)女性主义流派

西方第二次妇女运动高潮的到来,促使女性主义者们开始将目光聚焦于文本。一方面,她们倡导男女平等,企图解构男性中心话语。另一方面,受翻译研究"文化转向"的影响,女性主义开始对自己的文化身份感到不满意甚至怀疑,并且想要进行身份重建,女性主义翻译理论应运而生。女性主义翻译理论是把女性主义和翻译融合在一起,在研究翻译的同时也分析女性主义是如何与翻译相连接的以及女性主义对翻译有哪些重要的积极影响,打破了传统译论中原文与译文的主仆关系,认为译文不需要忠实原文。

雪莉·西蒙(Sherry Simon)、劳丽·钱伯伦(Lori Chamberlain)等都为女性主义翻译理论做出了极大的贡献,另外一位学者巴巴拉·格达德(Barbara Godard)也发表了一些著作。

1. 西蒙

西蒙所著的《翻译的性别:文化认同和政治交流》(1996)是西方第一本在女性主义视角下全面论述翻译问题的学术性专著。她的翻译观非常独特,认为原文中包含无限个文本链与话语链,而翻译就是其中意义的延伸。在她看来,翻译不是语言之间的转换。另外,她指出,社会意识和话语建构了性别,而性别构成了身份与经验。

2. 钱伯伦

钱伯伦对性别政治十分关注,她通过分析17世纪到20世纪翻译中的性别化隐喻,来探索其中的性别地位。西方文化一直将翻译视为和女性同等的地位,认为翻译是次要的。将这种男女之间的不平等的地位关系投射到文本关系上,是不合理的,必须消除这种理念。女性的地位、女性译者的地位都应该得到提高。

(七)后殖民翻译理论

后殖民主义翻译理论作为一种多元文化批评理论,是将翻译和政治、民族、种族相结合的产物。后殖民主义主要分析宗主国和殖民地的关系、帝国主义的文化侵略,揭露了西方形而上学话语的局限性,使民族、文化或团体成为话语的"主体"和心理认同的对象。帝国主义开展殖民活动的对象由曾经的领土转变为现在的意识。这从翻译方向的不平衡性上就可以看出来,强势语言被翻译成弱势语言的作品多,而弱势语言被翻译为强势语言的作品少。

后殖民翻译理论的主要代表人物有被称为后殖民主义的"圣三位一体"的爱德华·赛义德(Edward W. Said)、盖亚特里·斯皮瓦克(Gayatri Chakravorty Spivak)和霍米·巴巴(Homi Bhabha)。此外,道格拉斯·罗宾逊(Douglas Robinson)和特佳斯维妮·尼兰贾纳(Tejasveni Nilanjana)也是比较有影响力的人物。

1. 赛义德

在赛义德看来,西方殖民主义者想要制约东方,就制造出了东方主义这样一种根深蒂固的政治教义。东方一直处于被西方主流学术界所忽视的地位,而赛义德偏偏将研究的目光聚焦于此,他的研究成果对后来所有的后殖民主义翻译理论和实践都带来了启迪。赛义德备受关注的另外一个学术成果就是"理论的旅行"这一概念。他指出,某种理论在进入另一个情景的过程中,会失去自身的某些特征,并且与进入地的文化发生相互作用。因此,翻译完全会导致理论的变化。正因为如此,通过翻译而达到的文化再现使东方在西方人眼中始终扮演着一个"他者"的角色。

2. 斯皮瓦克

斯皮瓦克的翻译研究视角纷繁复杂,他擅长将其他领域的思想植入翻译研究中,并因此派生出了自己的翻译理论。他既从比较文学、社会学、哲学、人类学中吸取精华,又从解构主义、翻译理论、女性主义、马克思主义等中国流派中进行广泛的借鉴。斯皮瓦克深受解构主义的影响,并从一种独特的文化理论阐释的角度解释并发挥了德里达的重要理论概念,如延异、差异、播撒、痕迹、踪迹、语音中心主义、逻各斯中心主义等。从此,阐释作为人文科学著作翻译的新手法被人们所了解,这是一种不囿于原文语言和结构的翻译策略。不仅如此,斯皮瓦克还对语言的修辞与逻辑之间的关系进行了研究,认为修辞是摧毁逻辑的主要力量,因此译者应该认可语言的修辞性,并且还认为翻译还是一种涉及伦理和政治的文化批判问题,而不仅仅是传递意义。

3. 巴巴

巴巴的主要研究成果在后殖民理论中是不可替代的,如他提出了"第三空间""混杂性""言说的现在"等概念,其中混杂性理论影响了全球性后殖民语境下的民族和文化身份研究。巴巴对民族建构与话语叙述理论进行了系统的学习,并且很自然地将二者应用于文化翻译实践,产生了积极的效果,从而使后殖民文化研究和翻译理论研究在解构性方面有着创造性的表现。他的文化翻译理论直接对西方文化霸权主义发起挑战,强调语境的特殊性、历史的差异性,并且为少数族裔的立场摇旗呐喊。

4. 罗宾逊

罗宾逊深入系统地掌握了西方翻译理论和历史,并将解构主义和后殖民理论结合起来,从语言学和文学翻译的角度对翻译问题进行系统的研究。人们可能无法想象"帝国"和翻译有什么联系,正是罗宾逊将二者结合起来进行探索,并撰写了《翻译与帝国:后殖民翻译阐释》这本经典著作。在该书中,他从帝国的政治、文化、社会视角,考察翻译在殖民化与非殖民化发展历史中的功能。在他看来,翻译就是一种人际沟通,译者需要和原文作者、目的语读者进行沟通。另外,他还从艾里克·切菲兹(Eric Cheyfitz)的后殖民翻译理论中汲取学术营养,以此来分析人种学、人类学与翻译的关系。

5. 尼兰贾纳

尼兰贾纳指出,翻译可以改变文化和社会。由此可见,翻译和文化之间是息息相关的。因此,他认为翻译是把一种文化转换成另一种文化能够理解的语言活动。

在尼兰贾纳看来,翻译与文化关系密切,是文化和社会转变的重要因素。她在《为翻译定位:历史、后结构主义和殖民语境》一书中,对后殖民语境中的翻译问题进行了分析和论述,将文化和政治因素引进翻译研究。在她的研究视角中,翻译并非语言转换,而是一个建构起殖民主体的话语场所,形成了一种不平等的权力关系。尼兰贾纳认为,如果要探索翻译和文化、殖民主义的关系,就应该将翻译与人种学结合起来分析。

第二节 翻译的过程与标准

翻译理论研究是为具体的翻译实践服务的,第一节阐述了翻译的理论问题,本节讨论的是翻译的具体运行过程以及遵循的标准。

一、翻译的过程

(一)理解

翻译的起步阶段就是理解,理解是表达的前提。如果译者无法完整、准确、透彻地理解源语文本,就无法用译语来表达源语文本所传递的信息。理解是翻译中最关键的过程,同时是最容易出现纰漏的过程。在理解的过程中,译者需要承担以下几种任务。

1. 宏观任务

(1)分析源语文本的体裁。在理解源语文本的过程中,译者首先要对文本的体裁进行辨识。因为不同的语篇类型所采用的翻译策略或方法也不同,如文学翻译要求译者在翻译的过程中具有创新意识,商务翻译对信息的准确性要求较高。分析了源语文本的体裁,也就是了解了源语文本的文体风格,译者可以据此思考译语文本所采用的文体风格。

(2)分析文化背景。翻译具有跨文化交际性质。因此,译者必须了解两种文化在政治、历史、经济、科技、风俗习惯等诸多文化内部要素方面存在的差异,只有这样,译者才能准确理解或者表达,进而在翻译中避免文化冲突的发生。

2. 微观任务

在分析了源语文本的宏观要素之后,接下来就应该分析源语文本的微观因素了。

(1)分析语言现象。源语文本中的语言现象是译者在翻译中绕不开的部分,语言现象不仅包括语音、语法规则、词汇构成等层面,还包括语义的层面,如一词多义、多词同义等。

(2)分析逻辑关系。每一种语言都是思维的反映,是实现思维、传达思维的工具,思维就是逻辑分析的方式。既然翻译是跨语言的转换活动,那么就应该属于语言逻辑活动。逻辑贯穿于翻译过程,译者不仅通过逻辑分析来理解原文,更要通过逻辑方式来进行译语的表达。语言表达不能仅仅只合乎语法规则,还要合乎逻辑,否则表达就失去了意义。

总之,对源语文本的准确理解,应该涉及以上几个方面,缺一不可。

(二)表达

理解的最终目的是指向表达的。表达就是用译语来转换源语的过程。表达是否足够精准,在很大程度上取决于译者对源语文本的理解以及译者的双语语言能力。在"互联网+"的时代背景下,新经济的发展以创新为驱动,而创造性思维作为一切创新成果的源头和内核更是重中之重。余光中指出,翻译作为一种心智活动,无法完全避免译者的创作。创作即是创造性思维发挥作用的体现。在翻译实践中,译者如果没有创造性思维,根本不可能实现语言间的高质量转换。翻译过程中需要的创造性思维表现在译者认识到翻译难点,然后通过灵活运用语言内和语言外的知识,全新地组织语言并形成恰当的译文。创造性思维的关键特色在于"奇"和"异"。具有较大难度的政论文本翻译更需要创造性思维的参与。

由于英汉两种语言具有不同的特点,并且归属于两种不同的文化,译者必须跳出源语文本的形式框架,用另一种语言来表达源语文本的语义,进而在双语文本之间找到共享结构,这个过程必定需要创新思维。只有具有创造性思维的译者才能突破各种壁垒,使文化因子在交流双方之间顺畅流转。创造性思维的发挥恰好可以解决此类翻译问题。

创造性思维既贯穿于理解源语的过程,也参与译语表达的过程。创造性翻译可以通过重新表达来实现。重新表达,是指当源语文本中的语言结构所表达的意义无法在译语中找到对等的语言结构来表达时,译者必须结合整个源语文本和自己的各种知识,在译语中创造与源语文本中意义对等的新的语言结构,这显然需要通过创造性思维的发挥来挣脱源语结构的束缚。事实上,文化输出中的对外翻译应该考虑国外读者的接受反应,不能仅仅强调"忠实"于源语文化而忽视译语接受者的感受,这会影响文化输出的质量和效果。因此,变译、改写等翻译策略有时更有助于实现文化交流的目的。在政策性短论的对外翻译中,其中看似普通、大众的语言表达其实是创造性思维辅助的结果。

(三)校改

校改是翻译的最后阶段。翻译是一项需要耐心、理想主义精神的认知活动。对待翻译,译者不能因为对材料的熟悉和经验的丰富而有丝毫漫不经心的态度倾向,相反应该始终坚持精益求精的行为准则,最终向读者交出最理想的译作。即使译者的翻译能力再高超,翻译经验再丰富,也还是会出现各种错误,因为与浩瀚的世界相比,个人的认知是非常有限的,个人的认知不可能触及世界的每个角落。因此,翻译的过程也就是不断检查和校改的过程。校改一般应注意以下几个方面。

(1)检查文章中重要的翻译单位是否有错误。

(2)检查文章中的标点符号是否使用错误。

(3)核对译文的表述与目的语表述是否一致。

(4)检查文章中的重要人名、专有名词、地名、数字等是否存在错误。

(5)检查译文中的常见翻译单位是否表述准确。

二、翻译的标准

随着历史的更迭,翻译标准也在不断更新。从古到今,不少翻译学家提出了各种各样的翻译标准。这里就简单梳理一下国内外具有代表性的翻译标准。

(一)国内的翻译标准

从古代、近代、现代到当代,翻译标准可谓是百花齐放。

1. 古代翻译标准

(1)古代翻译源于佛经翻译,而中国佛经翻译事业的创始人就是安世高。他通常采取直译的翻译方法,为了再现原文结构,不惜以语法为代价,并且在术语翻译上也有所失误。

(2)三国时期的佛经翻译家支谦认为翻译不易,在翻译的标准上倾向于"文",而不是"质"。

(3)东晋佛教学者道安在国内首次总结了翻译经验,提出了著名的"五失本、三不易"理论,"五失本"指五种情况容易使译文无法再现原文的面貌,"三不易"指三种情况不易翻译。

(4)译经大师鸠摩罗什主张意译,并且创造出一种兼具外来语与汉语之美的文体,既再现了原典的旨意,又实现了流畅的表达。

(5)要论佛经翻译的最高成就者,非玄奘莫属。他的翻译方法被称为"新译",他巧妙运用补充法、省略法、变位法、分合法、译名假借法、代词还原法等各种翻译方法。玄奘认为译文应尽量做到忠实于原文且通顺流畅,并提出"五不翻"原则。

(6)魏象乾认为,译文应该了解原文的意思,表达原文的措辞,保留原文的风格,传达原文的神韵,既不要增译也不要删减,更不要颠倒原文顺序或断章取义。

2. 近代翻译标准

(1)马建忠提出了著名的"善译"标准,即译文应与原文在意思与风格上没有很大出入,并能使读者获益。

(2)严复是我国翻译史上最早明确提出翻译标准的人,提出了著名的"信、达、雅"标准。

(3)梁启超认为好的翻译应当使读者彻底明白原文的意思,并且指出翻译应该避免两种情况的发生:一是因为遵循汉语习惯而丧失英文原意,二是因为遵循英语习惯而使汉语译文晦涩难懂。

(4)林纾提出译文要忠实于原著,译名应统一等主张。

3. 现代翻译标准

(1)鲁迅把翻译应忠实于原作放到首要的位置,并大力提倡忠实于原著的白话文直译法,提出了"以直译为主,以意译为辅"与"以信为主,以顺为辅"的翻译标准。

(2)胡适指出,翻译有三重责任:一是要对原作者负责任,二是要对读者负责任,三是要对自己负责任。

(3)郭沫若把自己的翻译方法称作"风韵译",提出翻译要做到"字句、意义、气韵"三者不走样。

(4)林语堂提出了翻译的三条标准,即忠实标准、通顺标准和美的标准。其中,忠实标准有"非字译""须传神""非绝对""须通顺"四项意义,分"直译""死译""意译"和"胡译"四个等级。

4. 当代翻译标准

(1)焦菊隐认为翻译是"二度"创造的艺术,提出了"整体论"的翻译思想,认为译者要建立整体观念,做到整体意义对应,然后再从上而下,由大到小考察每个部分的意义,逐步完成各个部分的对应。

(2)傅雷最著名的翻译思想就是"传神说",即"重神似不重形似;译文必须为纯粹之中文",强调译者要从本质的层面去传递原文的内容,包括原作的风格、意境、神韵等。

(3)钱钟书提出了"化境说",既能不因语文习惯的差异而露出生硬牵强的痕迹,又能完全保存原作的风味。

(4)许渊冲把中国学派的文学翻译理论总结成"美化之艺术,创优似竞赛"十个字,认为最好的原文变成对等的译文,并不一定是最好的译文,并提出"意美、音美、形美"的翻译标准。

(二)国外的翻译标准

国外比较有代表性的翻译标准包括如下几种。

(1)歌德(Goethe)认为逐字对照翻译最好,既能传递原文的信息,又可以体现译文的优美。

(2)泰特勒(A. F. Tytler)提出了著名的翻译"三原则":第一,译本应该完全转写出原文作品的思想;第二,译文写作风格和方式应该与原文的风格和方式属于同一性质;第三,译本应该具有原文所具有的流畅性和自然性。

(3)奈达提出"功能对等"的翻译原则,对等包括词汇、句法、篇章、文体四个方面,其中意义是最重要的,其次是形式。为此,译者可以遵循以下三个步骤。

第一,努力创造出既符合原文语义又体现原文文化特色的译作。

第二,如果意义和文化不能同时兼顾,译者只有通过在译文中改变原文的形式达到再现原文语义和文化的目的。

第三，如果形式的改变仍然不足以表达原文的语义和文化，可以采用"重创"手段，即用译语的词汇来阐述源语的文化内涵，使源语和目的语达到意义上的对等。

（4）纽马克认为不同的文本具有不同的功能，译者必须挖掘出原文具有的功能，进而使译文忠实地传达出原文所具有的功能，从而使译文读者获得和原文读者相同的感受。

第三节　翻译对译者的要求

翻译是一种复杂的语言转换任务，因此对译者有着多层面的要求。换句话讲，译者要具备一定的素质和角色认知，才能胜任翻译这一复杂的任务。"译者角色论"属于译者生态的范畴，所谓译者生态是对译者生成的外部环境和内在因素进行研究。本节具体讨论译者生态中的内在因素。

一、职业素质

（一）客观

翻译说到底还是一种跨文化交际活动。众所周知，外国和中国在文化的诸多方面存在很大的差异，同样的汉语材料在中国人眼中和外国人眼中携带着不一样的信息，因此翻译工作者就扮演着原作与译文读者之间的中介者的角色。这种角色要求翻译工作者必须尊重客观事实，公正地对待中外双方，不偏不倚，做到立场中立。

从生态翻译学的角度来看，翻译的终极目标在于最大限度地保护原文与译文之间的交际生态。具体来说，翻译工作者需要在超越时空的前提下，既要与原文作者进行平等的交流，维持原文作者的基本思想，又要考虑到译文读者的理解和接受状态，将信息完整地传递给译文读者，进而在原作与译文读者之间寻求一个平衡点,在原文与译文读者的语言、文化、交际三者之间构建一个健康、有序、和谐的生态循环,这样原作与译作才能够永久共存。

(二)用心

如果说译者因为翻译水平的限制而无法创造出令人满意的译作,那还情有可原,这是客观的缺陷。毕竟翻译水平的提高不是一朝一夕的事,而是一个漫长的过程。译者只要不断虚心请教和学习,最后一定可以交出理想的译作。最可怕的现象是译者的心和力都用得不到位,这就是主观态度和客观能力的双重缺陷了。译者一定要具备精雕细琢的工匠精神,才能在翻译这条路上走得更远。例如:

请勿疲劳驾驶。

译文1:Don't drive tiredly.

译文2:Drive alert, arrive alive.

译文3:Drowsy driving is dangerous.

在上述例子中,很显然,译文1虽然语义通顺,但是没有完全再现原文的信息和意义。对于这一交通法规术语,译文2和译文3要比译文1能达到更好的表达效果。

在当今这个信息化时代,知识的更新速度非常快,数量庞大的新词不断涌现,其中有些词语沿袭了下来,有的在语言的历史长河中消失了。没有什么知识是一劳永逸的,不可能用同一种知识解决过去、现在和未来的所有问题。因此,翻译工作者要广泛查阅各种资料、工具书,运用一切可以使用的资源,多方查证,这样才能获得对翻译对象更全面的认识和理解,才能创造出更加贴切、达意、完善的译文。

二、语言素质

语言素质是翻译的核心素养。语言素质包含语言知识、语言技能、文化素质和语用能力四个方面。

语言知识涉及词汇、句子、语篇和修辞等方面。译者可以根据不同的专业需求,进行专业知识的延伸,了解各个专业领域的语言知识。语言技能包含写、听、说、读四种。语言无法脱离文化而存在,因此语言素质还包括文化素质。文化素质包含三个方面:一是情感态度与价值观,二是自己所具备的文化立场,三是文化认同感和文化鉴别能力。翻译也是一种对语言的运用过程,因此译者需要具备一定的语用知识。语言的意义说到底是语境(context)中的特定意义,所以译者需要结合语境推断源语的真正意义。语境是语用学研究中的重要概念,它有狭义和广义之分,狭义的语境指话语使用的上下文,广义的语境指的是和语言使用相关的一切因素,包括语言内和语言外的情境。既然原文的意义取决于语境,那么译者必须抓住语境这一线索来理解原文,从而准确再现原文的信息。例如:

犬子将于下月结婚。

译文1:My little dog is getting married next month.

译文2:My son is getting married next month.

这个例子选自中国人写给外国友人的喜帖。译者在翻译之前需要先了解交际语境。首先,交际双方来自中国和外国;其次,汉语中的"犬子"是对儿子的谦称,英语中没有这样的表达;再次,父母在公布儿子的婚讯时将儿子称为"犬子",是对自己喜悦之情的控制。因此,译文1将"犬子"译成"My little dog"显然曲解了原文的语用含义,译文2的翻译是正确的。

三、转换能力

(一)适应能力

既然翻译是一种跨文化交际活动,那么翻译工作者还必须具备一定的适应能力。

1. 对语言因素的适应

在翻译中,文化差异是显而易见的,但是语言因素本身就成为翻译的拦路虎。跨文化交际就是根据意义选择语言、根据语言推敲意义的过程。从这个角度来说,对语言的适应其实是指对意义的适应。翻译工作者要适应的语言意义主要有形式意义、言外意义、文化社会意义、联想意义等。

(1) 形式意义

刘宓庆认为,形式意义是指语言形式所承载的意义,包括语音、词汇、句法及修辞等。尤金·奈达曾经指出,语言形式是有意义的,在翻译时需要考虑形式,否则原文的风格就消失了。语言的独特性在于自身的语言规则和语言结构。有时候,在翻译中要再现原文信息内容,就必须调整语言形式。也就是说,翻译中很难做到形式对等,最多就是形式相似罢了。英语和汉语是区别很大的两个语言系统,英语是形合语言,汉语是意合语言。在进行翻译时,译者应该适应文本的语言形式,充分认识到英语和汉语在语言形式上的差异,必要时要对语言结构和形式进行调整。例如:

中国政府将发展同非洲国家"平等相待、真诚友好、团结合作、共同发展"的兄弟关系。

The Chinese Government will develop its fraternal relations with African countries of treating each other as equals, sincerity and friendship, unity and cooperation, and common development.

在本例中,译者在翻译"平等相待、真诚友好、团结合作、共同发展"这四个四字短语时,就没有跳出原文语言形式的框框,这就限制了原文意义的传达,因此没有将这几个四字短语的真正内涵再现出来,并且意义不明确,表达也没有层次感。

(2) 言外意义

要想顺利地进行交际,不能满足于对字面意义的了解,还要深度挖掘对方话语中隐含的真正意义,也就是言外之意。翻译工作者既要适应原文的言外之意,又要适应译文的言外之意,这样才能实现文化传播的目的。言外之意源于哲学家奥斯汀(J. L. Austin)创立的言语行为理论(speech act theory)。他提出了言语行为三分说,包括"言之发"(以言指事,locutionary act)、"示言外之力"(以言行事,illocutionary act)、"收言后之果"(以言成事,perlocutionary act)。言外之意具有不可分离性、可取消性、语境依赖性、可推导性、非规约性和不确定性。第一,不可分离性是指即使在话语信息的形式或结构发生变化的情况下,含意也不变。第二,可取消性指言外之意随着交际语境的变化而变化。第三,语境依赖性是指含意的产生与理解离不开特定的语境条件。第四,可推导性指的是话语所隐含的信息是可以推导出来的。第五,非规约性是指言外之意随语境的变化而变化,不是恒定的、规约性的意义。第六,不确定性指某一单一意义的话语在不同的语境中可能会出现不同的含意。

在翻译言语行为时,译者需要注意以下两点。

第一,彰显源语语用功能。在翻译中,译文与原文在语言表层意义的一致性是译者需要重视的,除此之外,译文与源语语用功能的对等更应该被译者关注,译者要通过语境推导源语语用含意,在保持源语深层内涵的基础上,使译文再现源语的语用功能,从而实现交际目的。

第二,译文应遵循话语轮换中的客观规律及其严密的逻辑思维,结合言语行为,通过语境的再创造呈现原作的韵味。

(3)文化社会意义

语言是文化的一部分,对语言的理解不能脱离其所属的文化和社会语境。文化之间互相尊重、共同发展,应该是不同文化之间相处的正确之道。在翻译中,译者属于原文的文化语境,因此更需要适应的是译语文化语境。因此,译者需要在准确传达原文意义的前提下,考虑译语文化的接受水平。例如:

A. 原文:孔雀(象征着吉祥、美好)

译文:Peacock(带有炫耀、骄傲的意义)

B. 原文：五羊摩托车

译文：Five Rams Motorcycle

在上面两个例子中，显然汉语中的"孔雀"和英语中的 Peacock 的内涵意义是不对等的。"五羊摩托车"的产地是广州，之所以这样命名，是因为广州市又称作"五羊市"，并且"五羊"本身还与一个美丽的传说有关。因为外国读者不了解这样一个文化语境，所以例中的译文必定会令外国读者费解。

（4）联想意义

联想意义是语言符号给人们带来的暗示性的意义。同一个事物在不同的语言里可能有着不同的联想意义，这也体现了文化语境的特点。例如：

原文：芳芳爽身粉

译文：Fangfang Powder

在本例中，"芳芳爽身粉"中"芳"的译文是 fang，fang 和 fung 语音相近，这很容易使外国读者将二者联系起来，而 fung 是指动物锋利的牙齿，可见原文和译文在信息和风格上也是不对等的。这些例子表明，在特定的语境中，字面意义相同的事物有时候是不能互译的。

2. 对非语言因素的适应

在当代西方文化研究的滚滚浪潮之下，翻译研究学派具有越来越强烈的文化意识，并且多元系统理论在翻译学中不断强力渗透，翻译学文化转向就得以问世。翻译学文化转向真正被大众认识并接受，是从巴斯奈特和勒菲弗尔出版论文集——《翻译、历史与文化》开始的。该论文集包括许多个案研究，角度全面，对翻译学的"文化转向"给予了详细的论述。就巴斯奈特和勒菲弗尔两位创始人而言，其实是后者在学理上发展了翻译学文化转向，从而使得翻译学的文化转向走上了一个新的台阶。勒菲弗尔的论文《西方翻译谱系考》对西方翻译活动的考察已广泛涉及"赞助人""诗学观""意识形态"等因素，由此为其日后全面提出"赞助人、诗学观、意识形态"学说埋下了伏笔。

在翻译中,译者最需要适应的非语言因素是认知语境、外宣翻译目的、目标语文化占统治地位的意识形态等。

(1)认知语境

从20世纪80年代开始,认知语境就进入人们的视线。"认知语境"是影响语言使用的知识图式。认知语境包括语言使用的情景知识、语言上下文知识和背景知识。从交际的角度来看,翻译是原文作者、译者和译文读者三者之间的交际,三者处于一定的认知环境中;而从认知的角度来看,翻译还是一个复杂的认知过程。交际的顺利与否取决于译者是否了解原文作者与译文读者在认知环境上的相似程度。译者要对原文进行准确的理解,就需要在认知语境中推断原文作者的真正意图。

语境对话语表达和理解所产生的影响,可以从其对发话人和受话人的影响两个角度进行分析。

第一,从发话人的角度而言,语境首先可以帮助发话人根据交际目的确定发话内容。其次,语境还可以帮助发话人根据交际条件确定交际渠道。交际渠道包括口语和书面语两种。口语既可以采用即席演讲的方式,又可以采用有准备的电视讲话;书面语既可以采用书信形式,又可以采用论文形式。另外,语境还可以帮助发话人根据交际场合确定说话方式。交际双方的物理距离、心理距离对发话的声音、语气、风格有很大影响。交际双方越亲近,说话就会越直接、越简洁;交际场合越正式,双方讲话就越正式。

第二,从受话人的角度看,语境首先可以帮助受话人确定指称对象。其次,语境可以帮助受话人消除歧义,离开特定语境的某些话语可以从多种角度来理解,因此语义往往是不确定的。另外,语境帮助受话人充实语义。

(2)翻译目的

依据功能翻译理论,翻译是一种照顾读者和客户要求的有目的的交际活动。目的论并不在乎译文与原文是否对等,而是强调译文在译语文化环境中所要实现的交际功能。有了一定的翻译目的,译者才能更自然地选择翻译策略。译者必须首先明确翻译的目的和功能,并使其指导自己的翻译实践。翻译的目的是多维度的,不同的阶段有着不同的目的。译者确定了翻译的目的,才能将理论和翻译实践相联系。

(3)目标语文化占统治地位的意识形态

从意识形态的角度来研究翻译,是近年来才兴起的一种趋势,体现了翻译研究的一大进步。意识形态是决定人们如何看待世界以及指导行为的观念体系。翻译所涉及的意识形态是由个人、群体或一种文化支持形成的一种价值体系,它表达着世界的运转规律。翻译不是在真空的环境下进行的,而是译者在特定的环境中所进行的操纵。因此,意识形态制约了翻译的最终结果。换句话说,意识形态不仅制约着翻译的产生,而且产生于翻译活动之中。因此,意识形态和翻译之间存在一种相互产生和制约的关系。译者主体性作为近年来研究的热门话题,就是译者超越意识形态的结果,也就是译者脱离了强加在自己身上的权利话语的束缚,最终顺从了自己的创造性和内心的呼声。在翻译中,译者要想产出被译语读者认可的译文,必须适应目标语文化占统治地位的意识形态。当材料中的某些内容违背了译语读者的大众意识形态时,译者需要以译语读者的接受程度为翻译准则。处于强势文化中的读者一般不太愿意接受外来文化,所以译者选择顺从译语读者,有利于读者克服自身意识形态上的障碍。

(二)选择能力

1. 翻译文体的选择

王佐良先生认为,原文和译文之间真正的对等还必须包括文体的对等。梁晓声指出,翻译文体是译者创造的一种语言形式,要考虑原文语言的优势和译文语言的特点,是原文语言和译文语言的结合。可见,翻译文体的选择非常重要。翻译工作者要依据不同的传播渠道,将原文翻译成相适应的文体。当材料是通过声音的途径来传播时,译者就必须使译文适合听,这就要求译者了解广播文体的要求,做到语言简洁、重点内容突出。

2. 翻译方法的选择

译者不仅要把外国的先进文化引入中国,也要把中国的先进文化传播到外国去。中国文化走向世界,为的是丰富世界文化。要维护文化的多样性,使世界文化之水不断流动,使社会不断地良性发展,就需要译者在翻译活动中保持包容的态度。

传统的翻译方法就是直译法和意译法,前者是向原文作者靠拢,后者是向译语读者靠拢。为了宣传中国文化,应该在翻译中尽量保留中国文化特色,因此可以采用直译法、直译加注法、意译法、替译法、音译法等。

(三)综合意识

1. 角色认知

谈到译者的角色,第一个要提的就是中介者。精通两种语言和文化的译者,成为沟通不同语言和文化的桥梁。译者作为中介者,最基本的行为就是传达,在被许可的范围内将原文用目的语再现出来,以便两种文化相互了解。

译者的第二个角色就是颠覆者。因为翻译是用另外一种语言再现原文,字词或语篇势必有和原文不同的地方,这些扭曲是有原因的,也是不可避免的。

译者的第三个角色是揭露者和掩盖者。之所以说揭露,是因为用目的语表达原文内容时,会产生预料之外的效果,这也是原文的潜能。此处的掩盖,是指用另一种语言表达原文,势必会出现扭曲的现象,译者需要认真思考如何掩盖这种扭曲。

另外,译者还承担了重置者与替换者的角色。至于重置,是指译者将原文用另外一种语言和文化重现。至于替换,是指译文替换了原文,成为译语读者了解原作思想的唯一通道。

2. 全球意识

在新的历史时期,精神文明被提到了更突出的位置。译者作为文化传播的桥梁,在全球化的今天,应该拥有清醒的文化意识。经济全球化和文化全球化相当于一个人的两条腿,我们应该用两条腿走路,否则就不是一个健全的人。西方文化中的流弊,需要通过学习中国文化来克服,这也是西方有志之士转而向中国文化寻求智慧的动机所在。不同民族语言文化之间的交流,是一种需要。任何一个民族想发展,必须走出封闭的自我,只有在和其他文化相互碰撞、相互融合的过程中,自身才能得到发展。而在这样一个过程中,翻译始终起着重要的作用。

3. 主体意识

在传统的翻译理论中,译者似乎就是服务于作者和读者的仆人,只需要将源语文本的意义进行一种再现就可以,是一种隐性的存在。但是,随着翻译研究的深入进行,学者们逐渐开始怀疑译者的仆人身份,并认为译者才是翻译活动中的主体。学者之所以提出这种观点,主要基于以下几种理由。首先,翻译是译者需要发挥其主观能动性的实践活动。其次,译者不仅是原文和译文的中介者,而且是原文作者与译文读者的中介者,同时在翻译中架起了两种语言和文化之间沟通的桥梁。可见,译者处于翻译中的核心地位。最后,解构主义学派和后现代主义都宣扬译者的主体性。

国内外很多学者都坚持翻译主体的唯一性,即认为翻译的唯一主体就是译者。例如,安托瓦纳·贝尔曼(Antonio Berman)认为,译者之所以成为翻译活动中的主体,是因为译者有着一定的翻译动机、翻译目的和翻译方案等,译者是翻译活动中最积极的因素。我国学者陈大亮、袁莉指出,只有参与了翻译认识和翻译实践的人才能成为主体,原文作者和读者并没有直接介入翻译活动,因此只有从事翻译实践的译者才是翻译主体。译者只有认识了自己的主体性,才能在翻译活动中实现一定的创造性,才能赋予翻译作品生命。值得注意的是,译者在具有主体意识的同时,要防止因自身过度膨胀而导致的随心所欲的翻译。在原作者、译者和译文读者等主体之间,建立一种对话式互动关系,才能建立一个健康有序的翻译生态。

4. 读者意识

在中国翻译的历史实践中,翻译工作者早就注意到了读者意识的重要性。

东晋高僧慧远曾经在谈到如何针对佛经翻译进行文本选择时,指出"以文应质则疑者众,以质应文则悦者寡",意思是如果用华丽的文体翻译质朴的原文,持怀疑态度的读者就较多;如果用质朴的文体去翻译华丽的原文,那么不喜欢译文的读者就较多。不论这种观点科学与否,至少他在翻译时考虑了读者对译文的态度。

清末学者马建忠提出"善译"的标准是"使阅者所得之益与观原文无异",也就是根据读者的反应来判断译文的优劣。

奈达也强调,原作者是在自己的兴趣的推动下从事创作的,而译者需要明白译文是给读者看的。

郭天一将读者意识进行了更为细致的划分,包括读者是谁、读者有何需求以及如何满足读者需求。

从接受美学的角度来看,文本是一个多维度的开放式结构,不同的人可以做出不同的解释,相同的人在不同的地点也可以做出不同的解释。可见,在翻译中,原文文本是稳定不变的,但是接受者是动态变化的。读者根据自己的认知来认识译作文本的内涵,填补意义空缺,并对未定性的内容进行具体化,最终实现译作的意义。

在译者的意识中,读者应该是摆在第一位的。在进行翻译之前,译者就要考虑译文读者的心理需求,并据此选择不同翻译方法和策略。读者不同的心理需求,促成了不同的译文的产生。图里(Toury)曾经强调,一切翻译都位于一条线的中点,中点的一端是源语规范,另一端是目的语规范。

因此,为了实现翻译的目的,译者需要想尽一切办法来满足译文读者的心理需求。译文读者对译作内容的心理需求是影响译作传播效果的重要因素。译文读者对译作内容需求强烈,则阅读的动机指向性越强,译作的传播效果越好;反之,如果译文读者对译作内容的需求不强烈,阅读的指向性就会越低,译作的传播效果就越差。另外,在翻译过程中,如果能够引起译文读者情感上的共鸣,使其产生良好的情绪体验,那么翻译工作就相当于成功了一半;反之,如果无法使译文读者的情感状态处于最佳水平,翻译工作的成效就有待加强。译文读者是译作信息的接收者,是拥有独特的心理特征和丰富感情的个体。译者在翻译过程中应该时刻以满足目标读者的需求为目的,最大程度上使读者与原文的视野相融合。

5. 多元文化意识

"多元文化"是由"多元性"和"文化"这两个概念组成的。"文化"的概念在前面已经有过论述,此处就不再解释。

文化多元性是从生物多样性的概念中延伸出来的,生物多样性包括基因、物种和生态系统的多样性,是生态系统不断变得复杂的产物。文化多样性说明人类已经在环境问题上有了较多的认识,提倡对所有历史和文化的尊重。人类物种的进化和文化的发展都依赖于多样性,因为不同的族群在不同的自然环境中发展出了不同的文化。生物多样性和特化现象是相对应的概念。特化作为生物进化过程中的一种重要现象,是生物对环境的特异适应,有利于某些方面的发展却减弱了其他方面的适应性。当环境发生变化时,高度特化的生物类型就会因为适应性低而灭绝。文化发展中也有特化现象,它也可以称为文化单一性,和文化多样性是相对应的概念,它主要是指以美国为主的西方文化扩散到其他文化之中,使全球文化变得单一并呈现出标准化趋势,影响着不同文化的传承与发展,以及各个社会的稳定乃至社会制度的演变。虽然不能肯定这种标准化趋势是否会消除所有的文化差异,但毫无疑问的是,相似性肯定会增加。当今世界需要克服的难题是文化单一性,因此应该大力提倡文化多元性。

民族、国家、地域、社群、阶级、性别乃至个体等都是文化多样性的不同单元。每一种文化都以其他文化作为相对于自身的多样性。每一种文化想要保持自身的吸引力,保护自身的价值,并且维护国家利益乃至为世界的稳定贡献力量,都必须肯定其他文化的多元性。当文化的多样性消失时,自身文化也失去了发展的动力。另外,肯定其他文化的价值,是维护社会和平和达成国际理解的必然要求。人类是相互依存的。每一种文化都属于人类文化大家族中的一员,为整个文化有机体做贡献,也依赖于整体的福祉,同时具有自己的规定性。

文化多样性不仅为人类文化的融合提供了条件,也有助于提高每一种文化的辨识度及存在的价值。每一种文化都具有多样性的生活方式,有的部分是从祖先那里继承的,有的部分是在劳动实践中得来的,有的部分是依据风俗演化而来的,总之有着深刻的特色。人类在应付各种复杂情况时可以从多样性的文化上寻找可靠的支撑条件,多样性的文化是人类的共同财产,为人类文化的发展提供了源源不断的动力。不同文化之间只要不相互抵制,就能使整个文化世界充满勃勃的生机。无论是从当代还是从子孙后代的利益考虑,文化的多样性都应该被肯定。为了人类共同的利益,各个文化都应秉持文化多样性的观念,为人类的生存和发展提供一个新的平台。只有在这个全球化时代,才能建立理想意义上的文化多元性。只有经受了全球化时代洗礼的多样性才是最值得憧憬的。因此,那些强势文化如果愿意为了自身乃至整个人类的长远利益,主动地放弃一些支配地位,给予弱势文化更大的生存空间,是有着深远意义的。

第三章 文化转向视角下翻译综述

随着翻译研究学派文化意识的加强,加上当代西方文化研究学术浪潮的冲击,翻译学文化转向逐渐经历了萌芽、产生和发展。翻译学文化转向产生的标志是 1990 年著名学者苏珊·巴斯奈特(Susan Bassnett)、安德烈·勒菲弗尔(Andre Lefevere)在《翻译、历史与文化》(*Translation, History and Culture*)中提出的"翻译文化转向"这一口号。众所周知,翻译与文化有着密切的联系,翻译的文化转向是合理的,也是必然的,它是翻译在未来发展的方向。本章将对文化转向视角下的翻译进行综合论述。

第一节 翻译文化转向的意义

"就人文社会科学领域而言,20 世纪曾经历了一系列的转向,从语言转向、解释转向、后现代转向,直至文化转向。"[①]就理论层面而言,翻译文化转向有其合理性,而且意义显著,具体表现为其深刻揭示了翻译的文化属性,同时构成了翻译学中一直缺少的外部研究。

一、揭示了翻译的文化属性

翻译的文化转向深刻揭示了翻译的文化属性,这其中既有在

---

① 萧俊明. 文化转向的由来[M]. 北京:社会科学文献出版社,2004:1.

概念层面上对翻译文化属性的界定,也有在实证层面上对翻译文化属性的剖析。

首先,在概念层面上,翻译研究学派在翻译学的文化转向中清醒地认识到:翻译不仅是一种文化现象,而且是一种重要的跨文化交际活动。图里(Toury)就以译本为取向,将译本视作译语文化中的一种客观存在:"译本是译语文化中的客观事实;在译本成为具有特别地位的客观事实的情况下,它们有时甚至能够构成可以识别的自己的(子)系统,但这种系统终究都是译语文化的一部分。"①

玛丽·斯内尔-霍恩比(Mary Snell-Hornby)也曾在其著述中分别以章标题和论文集书名的形式提出:翻译是一种跨文化活动;翻译是一种跨文化交际活动。

其次,在实证层面,翻译研究学派在翻译学的文化转向中以历史上数不胜数的翻译实例揭示了翻译与文化之间的互动关系。

随着文化研究对翻译学影响的加深,翻译学的文化转向在其后的发展和衍化过程中越来越显现翻译的文化属性。

二、构成了翻译学或翻译研究所缺少的外部研究

翻译学的外部研究是指以翻译过程的外部制约因素以及翻译产品的功能、作用与影响等为主要考察对象的研究类型,它与翻译学内部研究相互对照和补充。翻译学一直缺少一种宏观的外部研究。在这种背景下,翻译学的文化转向不仅特别关注翻译过程的外部制约因素,而且注重考察翻译的功能、作用与影响,因此构成了翻译学一直缺少的外部研究。

首先,翻译学文化转向对翻译过程外部制约因素的关注在很大程度上与作为文化理论之一的多元系统论密切相关。多元系统论的倡导者佐哈(Zohar)将翻译作为一个子系统放到文学多元

---

① Toury, Gideon. *Descriptive Translation Studies and Beyond*[M]. Amsterdam/Philadelphia:John Benjamins Publishing Company,1995:29.

系统中,甚至更大的文化系统中来考察。佐哈对翻译过程外部制约因素的关注,在倡导语境化翻译研究策略的勒菲弗尔那里得到了发展。勒菲弗尔考察的"赞助人""诗学观""意识形态"等都是对翻译过程、翻译活动产生影响的外部制约因素,因此其研究称得上是一种典型的翻译学外部研究。

其次,翻译学的文化转向注重考察翻译产品的功能、作用与影响,这种研究倾向也逐渐发展成为一种翻译学的外部研究。

第二节 文化翻译的原则与策略

作为一门科学,翻译需要遵循一定的原则。国内外很多学者都对文化翻译的原则进行了研究,并且总结了自己的观点,如"功能对等"就是对翻译中文化因素的重视与把握。文化在翻译中要获得与语言同等的地位。也就是说,翻译既要忠实于原文,又要对原文进行准确的再现,从而实现文化交流与合作。此外,在文化翻译的过程中不可避免地会遇到各种文化问题,因此需要掌握基本的文化翻译策略,从而更加有效地进行翻译。

一、文化翻译的原则

翻译原则是客观存在的,是指导翻译实践的科学依据。在翻译原则的指导下,翻译实践能收到事半功倍的效果。根据翻译的性质与任务,从跨文化交流的角度出发,这里将文化转向视角下翻译的原则归纳为以下两点。

(一)忠实第一,创造第二

不可否认,翻译是译者进行再创造的一种艺术,但这种创造是相对的,是有前提条件的,即要以忠实传递源语含义以及文化内涵为前提。这是因为翻译的主要目的是使读者通过本国语言来了解他国文化,也就是通过译入语向译入语读者介绍源语文化。换句话说,就是力求"让不懂原文的人通过译文知道、了解甚至欣赏原文的思想内容及其文体风格"。① 在这里,"思想内容"既包括原文的语义内容,也包括原文的文化内容,而翻译要在传达原文思想内容的基础上追求原文的文体风格,这属于更高层次的要求。而要实现这一目标,就要使译入语文本与源语文本之间意义相当、语义相近、风格相称。这也就决定了翻译过程中要将"忠实"作为首要的原则。

"和而不同"一直都是翻译所注重的,这一观念要求在翻译中尊重源语文本和文化,同时不妄自菲薄,使不同的文化在翻译中保留自己的个性。其中,尊重源语文本和文化是指在翻译中做到最大限度地重视源语文本,不随意删改原作。但翻译中并不存在绝对的忠实,绝对的忠实只会导致硬译和死译,这也就犯了翻译的大忌。这里的忠实指的是准确、如实地表达原文的语义和文化内容及其韵味,也就是与原文做到"意似"和"神似",而不可以追求"形似",即追求与原文形式的雷同。当然,在做到"意似"和"神似"的基础上兼顾"形似",能取得更好的翻译效果,也是译者理想的追求。但因为英汉语言的差异以及"文化缺位"的存在,过于拘泥于忠实原则有时难以有效传达源语的语义内容尤其是文化内容,此时就可以进行得体的创造。翻译可以说是对原作的再创造活动,也就是译者对原文的精髓进行创造性加工,然后通过另一种语言进行完美再现。这种创造性翻译尤其适用于文学翻译,它可以提高译文的审美价值。但是不能借助"创造"之名走向极端,而任意改写、歪曲原意。总而言之,忠实始终是第一位的,创造是第二位的,忠实是创造的前提和基础,在翻译中要注意和遵循这一原则。例如:

人怕出名猪怕壮。

(曹雪芹《红楼梦》第八十三回)

---

① 曹明伦. 文本目的——译者的翻译目的[J]. 天津外国语学院学报,2007,(4):1.

译文 1:Bad for a man to be famed;bad for a pig to grow fat.

（杨宪益 译）

译文 2:Fattest pigs make the choicest bacon; famous men are for the taking.

（David Hawkes 译）

原文是汉语中的一个俗语,是中国传统语言形式之一,具有十分丰富的文化内涵。在翻译过程中很难在英语中找到匹配的表达形式。上述俗语的内涵指的是人一旦出名就会遇到更大的挑战和困难,因此出名之后的生活反倒会十分困难。这就像猪长胖之后逃脱不了被宰杀的命运一样。译文 1 从原文的文化内涵出发,将其含义表达得淋漓尽致。译文 2 采用了创译的形式,但是译文和原文在表达和情感色彩方面都存在差异。

(二)内容第一,形式第二

文化翻译还要遵循"内容第一,形式第二"原则。其中,"内容"是指源语所蕴含的语义内涵、文化内涵和情感内涵等。"形式"则是指语言的外在形式,也就是"内容"借以表达的语言外壳,包括体裁、篇章结构以及修辞手段等。鉴于忠实原则的客观要求,使得人们将能否最大限度、最准确地传达源语语义内容和文化内涵作为翻译质量高低的重要标准。有些译本常取漂亮的外衣而舍弃内在的价值,之所以会出现这种现象,主要是因为译者过于关注语言表层的转换,而忽视文化层面的跨越。因此,准确翻译和传达源语的内容是第一位的。当然,如果能在准确传达原文内容的基础上兼顾原文形式,就能够更加有效地传达原文的文体风格。但是如果为了维持原文的形式而无法准确表达原文的内容,此时就应牺牲形式而追求内容的准确,形式是附属于内容的,是第二位的。实际上,"内容第一,形式第二"的原则反映了"忠实第一,创造第二"原则,也是对这一原则的最好诠释。例如:

Let me not to the marriage of true minds/ Admit impediments…

译文 1:我决不承认两颗真心的结合/会有任何障碍……

译文 2：我不承认两颗真诚相爱的心/会有什么阻止其结合的障碍……

(曹明伦 译)

英文原文取自莎士比亚十四行诗。译文 1 与原文形式更为相符，表达也自然流畅，但内容的传达却不理想，会使读者不明白"障碍"指的是什么。实际上，原句与西方的婚礼文化有关，在婚礼仪式上，牧师会分别问新郎、新娘是否存在任何无法合法结合的障碍。译文 2 虽然在形式上不如译文 1 与原文相称，但译者更加注重内容的准确传递而舍弃了形式，译文更加准确清晰，较好地体现了"内容第一，形式第二"的原则。

裁衣不用剪子——胡扯。

译文 1：Cutting out garments without the use of the scissors—talking nonsense.

译文 2：Cutting out garments without the use of the scissors—only by tearing the cloth recklessly/talking nonsense.

歇后语属于汉语中的一种独特的语言形式，蕴含着丰富的文化含义，而且体现着中国文化的特色，但常因文化差异问题而较难翻译。对于上述原文，如果只注重形式，就很难准确表达其内在含义。译文 1 就是因过于拘泥于原文形式而造成误译，译文 1 前后两个部分缺乏紧密的逻辑关系，读者不理解"胡扯"的双关含义，也不知道"裁衣不用剪"与"胡说八道"之间的内在联系，因此会感到非常困惑。而译文 2 则贯彻"内容第一，形式第二"的原则，运用直译加意译的方式传递了原文的双关含义，也再现了原文的文化内涵。

二、文化翻译的策略

翻译既是两种语言的转换，又是两种文化的转换。如何处理好两种语言、文化之间的差异，在语言转换中再现源语文化信息是译者面临的一个难题。

1995年美国翻译理论家劳伦斯·韦努蒂(Lawrence Venuti)在其著作《译者的隐身——一部翻译史》(*The Translator's Invisibility:A History of Translation*)中提出了"归化法"(domesticating translation)和"异化法"(foreignzing translation)两个术语。[①] 由此,译界产生了两种对立的观点,形成了两个流派——"归化派"和"异化派"。之后又在归化和异化的基础上产生了其他相应的策略。下面就对处理跨文化翻译的几种策略进行具体分析。

(一)归化策略

1. 归化策略简述

归化策略是指将源语本土化,即以译入语读者为归宿,对源语表达形式进行省略或替换,采用地道的语言形式表达源语。这一策略要求译者像本国作者那样说话,将原文译为地道的本国语。归化策略可以增强译文的欣赏性与可读性,帮助读者更好地理解译文,但有可能会丢失源语的文化意义。例如:

谋事在人,成事在天。

Man proposes,Heaven disposes.

(杨宪益、戴乃迭 译)

Man proposes,God disposes.

(霍克斯 译)

汉语原文有着浓厚的中国特色,两个译本都使用了对仗形式,与原作相称,但是对"天"的表达上存在明显的差异。杨宪益夫妇将其译为 Heaven,是与中国的文化色彩相符的;而霍克斯为了使译文易于被译入语读者理解,将其译为 God。之所以存在差异就在于两个译本选择的翻译策略不同。

---

① Venuti, L. *The Translator's Invisibility:A History of Translation* [M]. London and New York:Routledge,1995:20.

2. 归化策略的运用方法

采用归化策略进行翻译的目的是尽量缩小文化差异,通过调整表达方式来使译文更加通顺、易懂。具体可采用以下几种方法来实现。

(1)意译

意译法就是采用与目的语行为习惯相符的表达方式来传递源语的内在含义。这种方法虽然会改变源语的表达形式,但能反映源语的精神实质。例如:

It is a Greek gift to you.

这是图谋害你的礼物。

Greek gift 直译的含义是"希腊礼物",但是这样并不能反映其内在文化含义。因此,应采用意译法将其译为"图谋害人"。

这不是打落水狗么?三先生欠公道,薛宝珠有什么功劳,升她?

(茅盾《子夜》)

Why, that's Kiching a man when he's down! It's not fair and what's Hsuch Pao-chu done that she should be promoted?

(Hsu Meng-hsiang 译)

在传统汉语文化中,狗这一动物并不招人喜欢,有很多的贬义表达都与狗有关。但西方人非常喜爱狗,将狗当作他们的朋友。如果对"打落水狗"进行直译,西方读者不仅不能理解,也不会接受;而将其意译为 Kiching a man when he's down,则便于西方读者理解,也能被他们接受。

(2)转译

由于英语和汉语在句子结构和表达习惯上的不同,机械地把英语的某一词类译成汉语的同一类,把英语的某一成分,译成汉语的同一成分,显然是行不通的,有时需要转换一下。这种译法就是"转译法"。这样可以将源语中特有的文化因素等效地传递给目的语读者,引起目的语读者的共鸣。例如:

as strong as a horse 力大如牛

在英国,马是人们进行农耕的主要动物,而且深受人们的喜爱,常被人们用来比喻勤劳和吃苦耐劳。但在中国,牛是人们耕作的主要动物,中国人对牛的感情如同英国人对马的感情。所以,为了达到翻译等效的目的,将 horse 用"牛"来替代是明智的。

(二)异化策略

1. 异化策略简述

异化策略是指译者不打扰作者,而是让读者向作者靠拢,即译者对源语文化进行保留,并且尽量向作者的表达习惯贴近。受不同思维方式与文化背景的影响,不同民族对同一事物的认知存在明显的差异。译者在对具有丰富历史色彩的信息进行翻译时,应尽量保留其文化背景知识,而采用异化策略有助于传递源语文化,保留异国情调。例如:

As the last straw breaks the laden camel's back, this piece of underground information crushed the sinking spirits of Mr. Dombey.

正如压垮负重骆驼脊梁的最后一根稻草,这则秘密的信息把董贝先生低沉的情绪压到了最低点。

译者对英语习语"the last straw breaks the laden camel's back"进行了异化处理,汉语读者不仅完全能够理解,而且可以了解英语中原来还有这样的表达方式。

异化策略也有其不足之处,即容易造成文化交流障碍,影响译文的可读性。

2. 异化策略的运用方法

采用异化策略进行翻译的目的是尽量保留源语的语言与文化特色,让读者感受更多的异国文化。具体可采用以下几种方法来实现。

(1)直译

直译是异化策略的一种主要手段,即在不改变源语语言与文化特点的前提下,用目的语中相对应的词语表达源语文化信息。直译可以有效地保留源语的文化特征,也有利于促进两种文化的交流。

不要失了你的时了!你自己只觉得中了一个相公,就"**癞蛤蟆想吃天鹅肉**"来了!

(吴敬梓《儒林外史》)

"Don't be a fool!" he roared, "Just passing one examination has turned your head completely—you're like **a toad trying to swallow a swan!**"

(杨宪益 译)

对于原文中"癞蛤蟆想吃天鹅肉"这一形象的比喻,如果译者按照字面直接进行翻译并不会给英语读者的理解造成困难。相反,如果译成 to do what is impossible 反而会失去原来的风姿和韵味。

(2)增译

源语为了表达上的需要,可能会省去一些本民族人们所熟知的文化信息,但为了便于译文读者的理解,在翻译的过程中就要对源语中隐含的文化信息进行补充。例如:

The staff member folded **like an accordion.**

这个工作人员就像合拢起来的手风琴似的——**一声不吭**。

上例采用增词译法不仅保留了原文的语言形式,而且传达了原文的文化内涵。

三个臭皮匠,顶一个**诸葛亮**。

Three cobblers **with their wits combined** equal Chuceh Liang, **the master mind.**

在中国,人们都知道"诸葛亮"这一历史人物,也明白其代表的文化象征意义——智慧。但西方读者对其并不了解,因此在翻译时译者增加了 with their wits combined 和 the master mind 这一文化信息。

(3) 直译加注释

很多文化词语单纯地进行直译或意译都不能完全表达其文化内涵，此时就可以尝试使用直译加注释的方法，即在直译的基础上添加必要的解释说明。这样不仅能保留原文的文化形式，而且能传达其文化内涵。例如：

All this will not be finished **in the first one hundred days.** Nor will it be finished in the first one thousand days, nor in the life of this Administration, nor even perhaps in our lifetime on this planet.

(John F. Kennedy)

所有这一切都不会在**第一个一百天**内完成，也不会在第一个一千天内完成，不会在本届政府任期内完成，甚至也许不会在我们这一辈子完成。

注释：原指富兰克林·罗斯福总统执政后推行"新政"的第一个一百天。

(《中国翻译》1997年第1期)

该例采用直译加注释的方式进行翻译，不仅能让目的语读者了解原文的含义，而且能让他们直观地感受异域文化。

(三) 归异互补策略

关于归化与异化关系的问题，一直都是翻译研究者争论的问题，甚至出现了百家争鸣的局面。实际上，二者是对立统一的关系，都存在着各自的适用范畴。但是在一些语境中，仅仅选择其中一种并不可行，甚至无法将源语的真实内容与意义传达出来，这时就需要将二者相结合，采用归异互补策略。一名好的译者首先要能够在运用归化策略与异化策略时找到二者之间的折中点，然后根据这一折中点，对原作进行仔细品读，进而采用合适的策略来进行翻译。当然，译者需要弄清楚原文的底蕴，然后从翻译目的、作者意图等层面考虑，谨慎地选择正确的翻译策略，这样才能把握好翻译的分寸。例如：

I gave my youth to the sea and I came home and gave her (my wife) my old age.

我把青春献给了海洋,等我回到家中见到妻子的时候,已经是白发苍苍。

译者采用归异互补策略翻译上述句子:对"I gave my youth to the sea"这句话采用了归化翻译策略,而对"I came home and gave her(my wife) my old age"这句话采用了异化翻译策略。

好的译文总是能考虑多方面的因素,如作者的写作意图、译者的翻译目的、读者的文化层次及要求等。总体而言,处理归化与异化的关系时一定要把握适度原则。具体而言,在采用异化策略时,一定要保证不影响译文的理解;在采用归化策略时,一定要保证不改变原作的风味,力求做到真正的"文化传真"。

(四)文化调停策略

文化调停是译者在归化或异化都无法有效解决翻译问题时所采取的一种有效策略。所谓文化调停,是指将一部分文化因素省略不译,甚至将全部文化因素省略不译,直接翻译其中的深层含义。例如:

回头人出嫁,哭喊的也有,说要寻死觅活的也有,抬到男家闹得拜不成天地的也有,连花烛都砸了的也有。

Some widows sob and shout when they are forced to remarry; some threaten to kill themselves; refuse to go through with the wedding ceremony after they've been carried to the man's house; some smash the wedding candlesticks.

原文选自鲁迅先生的短篇小说《祝福》。在中国婚俗中,"拜天地"是一种特有的习俗,并且"天""地"两个字有着丰富的文化内涵。在中国人眼中,"拜天地"就是所谓的婚礼。但是,如果用异化策略进行翻译,目的语读者显然很难理解其真正含义,因此将"拜不成天地"译成 refuse to bow to heaven and earth 很不合理;而采用文化调停策略进行翻译,如译文所示,将原作的意象进行省略,直接译出原作的深层含义,这样目的语读者就能真正地理解原作的内涵,也能够获得与原作读者相同的感受。

文化调停策略可以让译文更具有可读性,而且能够减少归化策略与异化策略中的文化问题。但是,其也有着一定的局限性,即不能对文化意象进行保留,因此不利于文化交流。例如:

刘备章武三年病死于白帝城永安宫,五月运回成都,八月葬于惠陵。

Liu Bei died of illness in 233 at present-day Fenjie County, Sichuan Province, and was buried in Chengdu in the same year.

原文虽然十分简短,但是有着丰富的内涵和文化因素,其中涉及了很多古代的地名、年代等内容。对这些地名、年代的翻译,采用归化策略肯定是不行的,因为在英语中难以找到与之相对的词语。而如果采用异化策略,直接进行拼写或者加注,这样的翻译比较复杂,而且烦琐,很容易让读者感到困惑。因此,在这种情况下,译者应该将这些文化因素省略,以便于读者的理解和把握。

当他六岁时,他爹就教他识字。识字课本既不是《五经》《四书》,也不是常识国语,而是从天干、地支、五行、八卦、六十四卦名等学起,进一步便学些《百中经》《玉匣记》《增删卜易》《麻衣神相》《奇门遁甲》《阴阳宅》等书。

When he was six, his father started teaching him some characters from books on the art of fortune-telling, rather than the Chinese classics.

上述原文选自赵树理的《小二黑结婚》。其中包含十几个汉语文化词汇,如《五经》《四书》以及天干、地支、五行等,还有之后的《百中经》《玉匣记》等,对于这些文化词汇的翻译,如果全部翻译出来是非常困难,并且即使翻译出来,目的语读者也很难理解。实际上,对于这些文化词汇,全部翻译出来是没有必要的,这时译者应采用文化调停策略来翻译。将这些不必要的文化内容省去,反而更容易被目的语读者理解。

(五)文化对应策略

所谓文化对应策略,是指采用目的语文化中相应的事件、人物等,对源语文化中的内容进行解析与诠释。例如,"梁山伯与祝英台"被中国人广为熟知,但是西方人并不知道这两人到底是谁,如果将其翻译成"罗密欧与朱丽叶",那么西方人就很清楚了。再如:

济公劫富济贫,深受穷苦人民爱戴。

Ji Gong, Robin Hood in China robbed the rich and helped the poor.

"济公"是中国人十分熟悉的人物,但是西方人对其并不了解。对此,译者采用了文化对应策略,将其译为"Ji Gong, Robin Hood in China",这就很容易被目的语读者理解了。

第三节 文化翻译的误区

文化是一个民族长期积淀下来的物质与精神财富的总和,有着不同于其他民族的独特之处。而文化的这种独特性给翻译带来了很大的困难,致使文化翻译不到位,出现了翻译误区。

一、文化误译

在翻译过程中,文化误译现象时常出现。文化孕育语言,当译者对源语文化不甚了解时,就很容易出现文化误译的现象。这一点在英语习语、谚语的翻译中更是如此。例如:

It was a Friday morning, the landlady was cleaning the stairs.

误译:那是一个周五的早晨,女地主正在打扫楼梯。

正译:那是一个周五的早晨,女房东正在打扫楼梯。

英美国家经常有人把屋子分间出租给他人,并且提供卫生打扫服务,这样的男性被称为 landlord,女性被称为 landlady。因此,根据语境可以大致判断出,这里应该是指女房东在打扫卫生。不了解这种文化的学生就很可能将其误译为"女地主"。

二、翻译空缺

就翻译而言,达到绝对准确和绝对对等是不可能的。就英汉两种语言而言,它们分别属于不同的语系,词汇和语义不对应的现象十分常见。尤其是那些极具地方特色的事物,在翻译的过程中就会造成空缺。空缺具体包含词汇空缺和语义空缺两个方面。

(一)词汇空缺

不同民族的语言存在共性,但也存在各自的特性。这种特性体现在词汇上,就会造成不同语言中词汇表达的不对应。

语言是不断变化发展的,随着历史的前进、科技的进步,语言中涌现了大量的新词汇。例如,1957年10月,当第一颗人造地球卫星发射成功后,首次出现了"Sputnik"一词,而该词随即也在世界各国的语言中出现了词汇空缺。

中国受传统文化的影响形成了一套严密、独特的封建宗法体系,表现为长幼有序、血缘关系的远近亲疏明显、家庭结构严密。但西方国家的宗法关系并不严密,家庭结构也较为松散。例如,古汉语中"兄弟"实为两个词,即"兄"和"弟",就是如今所说的哥哥和弟弟;但英语中并没有这样的区分,而是笼统地将"兄"和"弟"统称为brother。翻译遇到这些亲属关系时,英语中就会出现词汇空缺。

因此,译者必须对这些现象有所了解,提高重视程度,从而在最大程度上避免因词汇空缺引起的文化冲突。

(二)语义空缺

不同语言中表达同一概念的词语虽然看起来字面含义相同,但实际上存在不同的文化内涵,这就造成了语义空缺。英汉语言中都有色彩词,并且多数情况下对应的色彩词意义相同,但在某些场合,表达相同颜色的英汉色彩词却被赋予了不同含义。例如,英语中"black and blue"的含义是"青一块紫一块",形容遍体鳞伤,而并非其字面含义所对应的"黑和蓝"。又如,英语中 a black sheep 的含义并非"黑羊",而是"害群之马"。

语义空缺的另一个表现是语义涵盖面的不重合,即不同语言中,表达同一概念的词语可能因为语言发出者、语言场合等的不同而产生不同含义。例如,英语中的 flower 和汉语中的"花"表达的基本语义虽然相同,但在具体使用中,二者差别极大。英语中 flower 除了作名词表"花朵"以外,还可以作动词表示"开花""用花装饰""旺盛"等含义,而这种用法是汉语中的"花"所没有的。相应地,汉语中的"花"作动词时常表示"花钱""花费"等含义,这也是英语中的 flower 所没有的。

第四章　西方典型的文化翻译观

20世纪90年代出现的翻译研究的文化模式的产生,标志着翻译研究朝向"文化转向"的潮流发展。翻译的文化转向更注重学科的自主性、学科范式的规律性和开放性,并且思考不同时期价值观、意识形态等对翻译研究的影响。随着全球化的不断发展,文化转向的浪潮将文化因素在翻译研究中发挥得淋漓尽致。本章就对西方典型的文化翻译观进行概述。

第一节　玛丽·斯内尔-霍恩比的文化翻译观

当代德国著名翻译理论家玛丽·斯内尔-霍恩比(Mary Snell-Hornby)指出,翻译是一种跨文化转换活动,而不是语际转换活动。这一观点是以格式塔的整体研究法为基础的。

一、文化翻译观

玛丽·斯内尔-霍恩比指出,既然原文是一个融合语言、文化、经验、感知的整体,那么当译者理解了原文之后,就应将这一整体完整地呈现给读者。语言并非真空中的孤立现象,而是文化的一部分。基于古德纳夫(Goodenough,1964)和哥林(Gohring,1977)对文化的界定,玛丽·斯内尔-霍恩比将文化定义为知识、能力和认知的总和,其与行为和事件密切相关,并且依靠社会群体的心理期待和社会规范。特定文化中的语言具有动态性,可以能动地反映整体社会文化与个体文化的发展。应该说,某个文本的文化内涵在多大程度上可以得到完整的传译,应取决于该文本对于特定文化的依附程度,以及源语文本与译语读者文化背景的时空距离和差异。与此同时,可译性的程度与源语文本的文本类型与译语文化中的翻译标准密切相关。考虑到语言与文化的密切关系,玛丽·斯内尔-霍恩比强调,翻译是一种跨文化活动,从事翻译活动的译者除了要掌握扎实的语言基础,还必须熟悉源语和目的语的文化背景。

二、翻译研究的综合法

在前人研究的基础上,玛丽·斯内尔-霍恩比提出了翻译研究的综合法。她指出,语言学为了不断扩展疆域,研究的范畴也从微观转向宏观,但关注文本及其情境和文化背景的翻译研究,就应采用相反的思路。格式塔心理学(Gestalt Psychology)派指出,仅仅研究部分是无法了解全部的,而应该采取自上而下的分析方法。

受传统范畴的二元模式的阻碍,翻译研究必须从这种学术框架中跳出来,将关注点放在每个细节上。斯内尔-霍恩比用原型理论代替了文本类型论。文本之间不再是以类型为界的分野,而是在特定文化范畴内以原型为核心不断向外扩展的连续体。

与传统的翻译研究注重从词的角度深入分析的观点相反,苏珊·巴斯奈特(Susan Bassnett)强调,翻译研究应该关注整个相关的关系网,关系网中每个个体要素的重要性应该由与之相关的文本语境和宏观文化背景来决定。[①]

---

① 严明.大学英语翻译教学理论与实践[M].长春:吉林出版集团有限责任公司,2009:156.

第二节　苏珊·巴斯奈特的文化翻译观

国际知名翻译理论学者、比较文学家和诗人苏珊·巴斯奈特对当代翻译研究做出了巨大贡献。她指出:"翻译就是文化内部与文化之间的交流。"他认为,翻译不仅是语言活动,更重要的是文化交际活动。要实现真正意义上的翻译等值,译者要达到源语与译语在文化功能上的等值。基于玛丽·斯内尔-霍恩比先前的论述,苏珊·巴斯奈特提出翻译研究方法应该把翻译单位从人们所接受的语篇转移到文化转换。

苏珊·巴斯奈特将文化作为翻译单位,强调文化在翻译中的地位以及翻译对于文化的意义,打破了传统的翻译研究概念,将翻译带入一个新的阶段。

一、翻译研究的分类

苏珊·巴斯奈特对先前翻译研究者取得的成果进行了总结,并且对翻译研究与其他学科的关系展开了论证。她最终得出的结论是:翻译研究是连接文体学、文学理论、语言学、符号学、美学等的桥梁,并且深深地植根于实践中。

翻译研究涉及的领域极为广阔,大体有如下两类:一类是以产品为导向的翻译研究,其注重目标语文本相对于源语文本的功能方面问题;另一类是以过程为导向的翻译研究,其注重对翻译发生过程的分析。

(1)翻译史研究与目标语文化中的翻译研究。其中,翻译史研究具体涉及研究不同时期的翻译理论、翻译批评、翻译出版、翻译的功能、翻译方法论的发展以及译者与作品分析。目标语文化中的翻译研究注重对单独的文本和译者、影响文本和作者的相关因素、影响目标语体系中翻译文本的标准和规范以及目标语体系中选择翻译策略的原则。

(2)翻译与语言学以及翻译与诗学的研究。翻译与语言学强调对源语和目标语文本中各级语言要素安排的一致性和差异性的研究,具体涉及语音、词素、词汇和句法等方面。研究问题主要涵盖语言对等、语言意义、不可译性、机器翻译和非文学文本翻译等方面。翻译与诗学的研究具体包括文学翻译中理论和实践的诸多方面。这种研究可能涉及翻译的普遍性问题,还可能涉及某种体裁的翻译问题,如诗歌翻译、剧本翻译以及戏剧翻译等。

二、翻译单位的文化转换

不同文本在某一文化中均有自己的功能。译者在翻译过程中应该将文化作为翻译的单位,使源语文本在译语文化中发挥和在源语文化中同样的功能。苏珊·巴斯奈特将艾米莉·利特(Emile Littre)翻译的《神曲》当作反面例证。这部作品被艾米莉·利特译成了13世纪的法语,并且采用逐字对译的方法,实现了原文与译文在句与句上的完全等值,但是让译语读者觉得其法语译文与原文一样是晦涩难懂的。这种译文没能在译语文化中产生与原文在源语文化中等值的功能和影响,所以其在文化功能上并未真正达到等值(廖七一,2001)。苏珊·巴斯奈特主张将文化而非语篇当作翻译的单位,这一观点打破了传统的翻译研究观念,将翻译研究推向一个崭新的发展阶段。

三、文化翻译观的内涵

苏珊·巴斯奈特将文化翻译观的内涵概括如下。
(1)翻译应该以文化作为翻译的单位,而不应停留在语篇上。
(2)翻译不仅仅是一个简单的译码与重组的过程,更是一种交际行为。

(3)翻译不应局限于对源语文本的描述,还应注重文本在译语文化中功能上的等值。

(4)不同历史时期的翻译有着不同的原则和规范,但它们均是为了满足不同时代的文化需求。满足文化需要与一定文化中不同群体的需要就是翻译的目的。

基于俄罗斯著名语言学家雅各布逊(Jakobson)的符号学翻译观,苏珊·巴斯奈特提出应将翻译分成两类:文化内翻译与文化之间的翻译。苏珊·巴斯奈特的这一观点随后受到了弗米尔的赞同。弗米尔提出了自己的文化翻译观,即翻译是一种跨文化的转换活动。因为语言是文化的一个不可分割的部分,所以译者要更好地进行翻译就要精通两种或多种语言,进而要精通两种或多种文化。从本质上说,翻译是一种跨文化的行为。这一行为不仅适用于文化相近的语言,还适用于文化不相近的语言。基于此,廖七一(2001)提出,不同语言之间的文化翻译不是类的差异,而是度的区别。

苏珊·巴斯奈特(1991)提出,翻译的功能主要有以下四个。

(1)翻译可以促进文学的发展,翻译史也就是文学发展史的组成部分。

(2)翻译会对译入语文化对外来文化规范的接受与吸收产生影响。

(3)翻译可以促进两种语言的比较研究。

(4)翻译可以从理论和实践上促进整个文学翻译规范的形成。

翻译的功能主要取决于翻译的服务对象与源语文本在源语文化中所发挥的功能。基于此,译者在翻译过程中应该使译语文本与源语文本达到文化功能上的等值,使译语文本对译语文化的读者产生源语文本对源语文化的读者相同的效果。

苏珊·巴斯奈特指出:文化对翻译提出了各种不同的需求,这些需求与源语文本的性质有着紧密的联系。假如源语文本是元描述性文本或者科技文献,那么译者就要尽可能从文化角度予以直译；假如源语文本是文学作品，那么译者在文本处理方面就会有很大的自由。

四、文化翻译观的特点

熟悉了文化翻译观的内涵，这里就对苏珊·巴斯奈特提出的文化翻译观的特点进行总结，具体有如下几个。

(1)苏珊·巴斯奈特的文化翻译观要求译文读者应该努力适应、理解和吸收文化差别，通过对译文的阅读了解异国风情、异国语言和文化特点，进而丰富本国语言和文化。

(2)文化交流是苏珊·巴斯奈特的文化翻译观的目的，也就是说，文化是第一位的，信息是第二位的；译者要在传递信息的过程中移植文化，尽可能保留其差异性。

(3)基于苏珊·巴斯奈特的文化翻译观，文化因子是不可翻译的，而只可以移植或传递，这就需要译者采用"异化为主，归化为辅"的翻译策略。一些有着极强民族性的独特语言结构形式在其他语言中通常找不到对应表达，其表达的含义深深植根于民族文化中，此时就应采用异化翻译策略以达到文化交流的目的。我国著名翻译家杨宪益、戴乃迭夫妇在翻译《红楼梦》时就采用异化策略，使得译语读者可以很容易领略中国的文化和社会习俗。

(4)苏珊·巴斯奈特的文化翻译观将文化作为交流中心，注重保留源语的原汁原味，所以特别看重译文与原文在内容和形式上的对等。苏珊·巴斯奈特认为，如果文学翻译失去了形式，那么它也就失去了精髓。

(5)苏珊·巴斯奈特的文化翻译观强调，"忠实"并不是说要完全以译语的习惯去规范原文，翻译的目的也不是消除差异，而是将其显现，从而达到两种文化进行交流的目的。译文不但要体现"同"，而且要呈现"异"，这才是真正的"忠实"。

第三节 安德烈·勒菲弗尔的文化翻译观

国际著名翻译理论家、比较文学家和翻译家安德烈·勒菲弗尔(Andre Lefevere)是文化学派的代表人物之一,其在比较文学和翻译理论方面取得了丰硕的研究成果。

一、学科范式的转变

因为安德烈·勒菲弗尔是1976年比利时鲁汶会议的重要参与者之一,所以他从一开始就特别关注翻译学科的核心问题——翻译的定位问题以及翻译与文化的关系问题。在这期间,安德烈·勒菲弗尔发表了几篇影响巨大的论文,如《文学知识增长的焦点》《翻译研究:学科的目标》等,它们主要阐述的是语言、文学与文化之间的关系问题。安德烈·勒菲弗尔认为,逻辑实证主义方法在当时是翻译研究的主导,语言科学、语法学、结构主义、符号学将文学研究简化为语言研究,同分析物质原理一样分析文学,注重数据、对应规则的科学性。这种单子式的研究方法,不但无法促进文学翻译理论知识的发展,反而阻碍了描述翻译理论的形成。安德烈·勒菲弗尔指出,尽管德国解释学强调思想体系与认识论的理念,特别适合人文科学的方法论,但因为其已经有300年的历史,所以部分提出已不适用于分析文学现象。于是,安德烈·勒菲弗尔指出,翻译研究应该彻底转变方法论。

基于上述原因,安德烈·勒菲弗尔与苏珊·巴斯奈特于20世纪90年代共同吹响了翻译研究文化转向的号角。因为安德烈·勒菲弗尔从小生活在多元文化氛围浓厚的比利时,所以掌握了多种语言。在多元文化的氛围中,语言翻译、文化斡旋、文化差异、文化操纵、文化互动就极为重要,所以对他来说,翻译研究就是文化互动研究。文化研究的主要特点是突出学科的开放性,从此，比较文学、文化、社会、意识形态因素均能进入翻译研究，而传统的直译与意译、艺术与科学、理论与实践均处于次要地位。翻译研究主要集中在目的语的接受与影响以及个案研究方面。对文化研究来说，应该重新审视传统意义上的作者与译者的定义，重新确立新的科学范式。

20世纪七八十年代，安德烈·勒菲弗尔开始考虑通过对个案的翻译，不断修正、证实文学派的翻译理论，理解并接受文化的目的与功用，对学科范式重新进行调整。从描述翻译学的角度讲，此时期安德烈·勒菲弗尔的翻译理论充满了张力，一方面，倡导用个案客观地进行描述；另一方面，强调主观规范或者意识形态和改写对翻译的操纵。在《超越过程：文学与文学理论中的翻译》中，安德烈·勒菲弗尔主要从社会、历史以及权力结构的层面理解文学翻译。从中我们可以发现，多元系统中佐哈（Zohar）等人的理论模式对安德烈·勒菲弗尔产生了较大影响。但是，他指出，多元系统理论中的规范性和制约性，对文化转向的翻译理论有太多的限制，并且没能充分研究意识形态在其中发挥的作用。因此，他开始注重转向意识形态对译者、翻译策略以及目的语文化产生的压力的研究。安德烈·勒菲弗尔与多元系统走向决裂的一个重要标志是《翻译文学：通向综合理论》一文的发表。为了体现意识形态对翻译文本产生的制约作用，安德烈·勒菲弗尔引进了一个重要概念——折射文本，即为特定受众专门翻译的文本或改编以适应某种诗学或者意识形态。第二次世界大战之后，涌现了许多改编自海涅和席勒的作品。中华人民共和国刚刚成立时建立了以马克思主义为理论基础的社会主义意识形态。当时，我国翻译的多数作品都是"遵命翻译"。可以说，当时的社会意识形态主宰着人们的政治文化生活，包括创作与翻译。

在赫曼斯（Hermans）主编的《文学操作》（*The Manipulation of Literature*）中，安德烈·勒菲弗尔写了一篇名为《为什么要费周折谈改写？另类范式中改写角色的困境》（*Why Waste Our Time on Rewriters? The Trouble with the Role of Rewriting in an Alternative Paradigm*)的文章,其中就提出了"改写"的概念,替代之前的"折射"(其用光谱的折射引申对文学作品的改变,以便适应不同读者与影响读者阅读作品的方式)。与折射相比,改写涉及的范围更广,具体涵盖从文本的解释、翻译批评、论集编撰,到翻译活动本身,从诗学规范,到目的语文化的操纵以及意识形态等。翻译本身是翻译研究的目的,其可以指理论上的操纵和对流行文学规范的干预,翻译中所指的意义不但指语言意义,而且体现了对目的语文化规范的影响。20世纪90年代,安德烈·勒菲弗尔和苏珊·巴斯奈特共同主编了《翻译、历史与文化》论集,其可以看成"文化转向"的宣言书。

在翻译过程中,不同的人扮演着不同的角色,在之前的翻译研究中可以忽略不计,但如今其从后台走上了前台。影响翻译文本最后形成的关键因素就是权力、意识形态、赞助人以及诗学。在目的语文化中,翻译扮演着重要角色,其不断融合或者渗透,挑战或者颠覆着目的语文化。此时,翻译已经成了一种文化生成的策略,翻译研究范式的变革与发展已经提上日程。

范式的变革与社会、文化概念的引进有着紧密的关系。为了对翻译文本与社会关系进行探讨,安德烈·勒菲弗尔在布迪厄的文化资本的影响下,将描述翻译当作一种文化资本的条件:翻译的发行与管制,主要取决于目的语受众的需要、赞助人或者发起人对翻译的支持,以及原文的声望与目的语语言文化情形。安德烈·勒菲弗尔要探讨的是,译文在怎样的文化背景下产生,以及译文对译入语文化中的文学规范与文化规范所产生的影响,特别要注重考察翻译与政治、历史、经济与社会制度之间的关系。

显然,在安德烈·勒菲弗尔的谱系学中,文化转向的核心范畴包括改写、操纵、赞助人与意识形态等概念。安德烈·勒菲弗尔的这些范式是对过去的理论秩序的一种颠覆,不但将比较文学归类在翻译研究的分支学科中,并且完全抛弃了传统的词典与语法范畴进行研究。安德烈·勒菲弗尔的思想谱系,一方面给翻译研究带来了冲击,另一方面给文化研究带来了积极的成果。

二、翻译的改写

安德烈·勒菲弗尔完成了文学派中一系列概念范畴的提出与阐释。20世纪90年代初期,安德烈·勒菲弗尔将注意力集中在影响翻译研究的具体因素上,即权力、意识形态等较为具体的问题上。安德烈·勒菲弗尔尝试发现掌握话语权的人,是如何通过权力运作,去改写文学和影响阅读公众的。

在安德烈·勒菲弗尔看来,翻译、批评、编辑、撰史均属于某种形式的"折射"或"改写"。翻译属于一种改写活动,改写就是一种操纵,翻译的改写主要是为特定的意识形态服务的手段。改写或者翻译一定会受目的语文化诗学、文学观念和意识形态规范的制约,译者应在这些规范内进行操作。也就是说,改写的动机可能是为了与主流意识形态与诗学保持一致,可能是反抗流行的意识形态与诗学。因此,翻译不但是塑造文学的力量,而且是一种原则性的文本操纵手段。安德烈·勒菲弗尔分析了德国布莱希特(Brecht)的《大胆妈妈的黄瓜》(*Mother Courage's Cucumber*)在美国的不同译本。不同译本分别来自黑斯(Hays)、本特利(Eric Bentley)、曼海姆(Manheim)等。通过这些文本的折射或操纵,安德烈·勒菲弗尔的改写理论在之后的著述中,得到了进一步的阐述与发展。

引进新的概念、新的文学样式以及新的方法是改写的积极作用,其利于文学与社会的进步,但消极影响是压制改革,对其进行歪曲和控制。

一位作家的作品主要通过误解与误释得到关注,并且产生影响,或者用一个稍微中性的术语——折射而起作用。安德烈·勒菲弗尔强调,可以从三个方面研究折射。

(1)比较原文与译文,能够让我们看清楚所翻译的文学作品受哪些制约。

(2)通过比较,能看出比较文学的中心在哪,即特定文化所采用的策略来接受、欢迎或者拒绝、排斥其他的文化。

(3)翻译文学的功能是什么,在文化结构中思考整个文学系统的自身功能。

假如说翻译实践是一种外显的改写类型,隐而不彰的改写形式则有批评、评论、撰史、教学、文选、剧本。这些形式均属于文学史或者文学系统范畴,文学系统对读者、作者以及改写者均有一系列制约,这种制约作用对改写者与作者是同样的。一方面,文学仅是由许多系统组成的复杂文化系统中的一个系统;另一方面,文化、社会就是文学系统依存的环境。文学系统与其他子系统隶属于此系统,这些系统之间相互影响和制约。

安德烈·勒菲弗尔及其文化学派的操纵改写,并不等同于一般意义上的改写。在安德烈·勒菲弗尔看来,凡是翻译均为改写,哪怕是最忠实的翻译,也都属于某种形式的改写。忠实的翻译仅为众多翻译策略中的一种体现,并非唯一的可能,也不是唯一正确的翻译。不忠实的翻译可能不是语言文字的原因,而是意识形态在背后进行的操纵与改写。

作为翻译的操纵者,这种改写或者操纵,本质上应该被看成一种文化上的必然性。在翻译过程中,译者会受各种社会文化因素的作用与制约,除了要考虑原作者的意图、原文语境等与原文相关的特征之外,还要考虑翻译的目的、目的语文本的功用、读者期望和反应、委托者与赞助者要求、作品出版发行机构的审查等各种与目的语或者接受文化有关的因素。

安德烈·勒菲弗尔通过不同文学中改写的个案来说明:改写就是一种翻译,这就大大扩展了翻译的定义。改写很好地掌握了翻译的命运。

在古今中外的文学与历史上,改写随处可见。庞德(Pound)通过翻译改写了中国诗歌。改写与操纵的典型代表是严复。为了对自己的政治主张加以强调,严复对原作进行了一定的取舍与改造,并且对每部原著均加了自序与按语,阐述了自己的观点。

虽然改写引进了新的形象、新的思想,使其与国内范式展开竞争,并且扩大了读者的范围与影响力,但其作为一种翻译现象,一直以来都被人们忽视。安德烈·勒菲弗尔的贡献是,首次系统地阐述了改写的作用和影响,使人意识到这一被放逐的范畴应该引起人们的重视。安德烈·勒菲弗尔认为,译者的改写并非无中生有,而是掩盖在特定社会的意识形态或者权力之外的。就文学翻译本身而言,改写能带来文学式样、风格的革新。从社会效果上考虑,改写属于一种催生新文化、新思想的催化剂。但是改写也可能带来压制因素,导致译者或者意识形态为了某种目的而不择手段的后果。不管怎样,改写在翻译研究中的积极因素大于消极因素,其能使我们了解翻译过程中的涵化过程。不同时期的译者运用的成功策略,不同文学之间的互相影响,从改写中就能看出。在彼此竞争的诗学中,改写能作为一种思想武器,同相竞争的诗学角逐。改写犹如文学演进的原动力,是创造经典与范式的助推器。如果古今中外的原著不经过改写和翻译,是难以保留至今的。一些作品如果不进行改写、改编,也难以成为世界文学的经典。改写者改写的动因,改写中的权力运作与赞助人的角色是不可忽略的。

  不管怎样,理解翻译过程中的改写,不但让我们可以更好地认识翻译的本质,而且可以更好地了解目的语文化与社会。将改写、权力与意识形态置于翻译文学与文化中心位置的等同地位,也可以提高翻译的作用与社会地位。据安德烈·勒菲弗尔的理论可知,改写后的译文具有与创作相同的地位,其会使人意识到:翻译也能被改写、利用与操纵,进而实现特定的文学、文化与社会目的。翻译除了要翻译意义,更重要的是翻译文化。

三、赞助人系统

  一部作品的翻译出版不仅仅是译者的个人行为,从译著的选择、出版甚至到接受,均有赞助人(patron)这一"看不见的手"在发挥作用。对于赞助人的定义,《兰登书屋词典》给出了如下解释。

第四章 西方典型的文化翻译观

(1) A person who is a customer, client, or paying guest, esp. a regular one, of a store, hotel, or the like. (商店、旅馆等场所付账的顾客、客户、客人等。)

(2) A person who supports with money, gifts, efforts, or endorsement an artist, writer, museum, cause, charity, institution, special event, or the like: a patron of the arts; patrons of the annual Democratic dance. (使用现金, 馈赠, 付出努力或承诺来支持艺术家、作家、博物馆、某项事业、慈善活动、机构或特别活动等, 如意识形态赞助人。)

(3) A person whose support or protection is solicited or acknowledged by the dedication of a book or other work. (通过寻求支持或者保护, 而将作品敬献给某人。)

(4) A saint regarded as the special guardian of a person, group, trade, country, etc. (个人团体、行业、国家的特别保护者或圣人)

(5) *Roman History*. The protector of a dependent or client, often the former master of a freedman still retaining certain rights over him. ([在古罗马史上]指依附者或者客户的保护人, 一般是自由人之前的主人, 但对其拥有一定的权力。)

由以上定义可知,因为西方是一个市场经济社会,并且基督教文化影响人文艺术的创作,所以赞助人不应该是英文发起人的含义,而应涉及商业、艺术、行业等领域。

安德烈·勒菲弗尔在对影响文学系统各个文本的诸多因素进行探讨时,提出了翻译赞助人这一概念。他指出,赞助人是"有权势的人或者机构,可以促进或者阻碍文学阅读、文学创作及改写"。英语中的"有权势"与福柯的权力话语有一定联系。权力贯穿知识的产生与传播过程。

权势最具体的体现就是赞助人。赞助人能够促进或干预文学文本或者翻译的生产和传播,强调其意识形态的观点。安德烈·勒菲弗尔指出,操纵控制文学系统的主要有两种类型:系统之内的专业人士；系统之外的赞助人。在文学翻译系统中，翻译的功能主要受三个因素的制约：文学系统专业人士；系统外的赞助人；主流诗学。其中，系统外的赞助人的作用可以通过三个方面发挥作用，分别是意识形态、经济利益以及权势地位。

在进行翻译研究的过程中，最容易被忽略的领域就是赞助人系统。实际上，古今中外的多数翻译实践活动都是由赞助人系统支持完成的。我国的佛经翻译从汉代到南北朝再到唐宋，始终没有脱离官方的赞助。

安德烈·勒菲弗尔提出的文学系统中的这三个因素，对翻译功能产生了巨大影响。改写和操纵是实现这一功能的重要手段。因为文学系统是一个动态的、不确定的系统，不同时期的作者、译者以及改写者会因为时间、地点的不同，而采用不同的改写策略。所以，译者主要受意识形态与当时文化中主流诗学的影响。当时的社会条件决定着译者是否愿意接受这种意识形态，也决定着此意识形态是不是某种赞助人强加的制约因素。赞助人能带来文学系统的革新，假如文学系统自身需要进化，其对文学文化环境就会施加影响。赞助人也能鼓励或者促进文学系统，产生可以满足目的语需要的作品。意识形态一方面决定着译者的选择测量，另一方面决定其对原文中语言和论域（discourse）的相关态度。译者对自身与所在社会、文化的理解，是影响其翻译方法的另一个因素。在翻译或者改写的过程中，赞助者、出版机构或体制强加给读者的结果是，突出某种意识形态。译者必须在目的语的意识形态、自身的爱好、经济利益和职业伦理道德之间做出妥协。

四、意识形态与翻译

翻译研究一方面应涉及语言、认知以及审美，另一方面要关注政治社会效果以及影响。因为译作原本就是对社会生活的一种反映，所以其会涉及翻译作品与其反映的社会生活的关系，而意识形态就是译作与社会生活反映的典型代表。对于意识形态

第四章 西方典型的文化翻译观

与翻译关系的研究,安德烈·勒菲弗尔给予了高度重视。

在某种程度上说,没有意识形态的批评话语,也就没有西方马克思主义,没有当代西方文化研究取得的成果,更没有翻译研究的操纵与改写学派。自翻译研究转向文化之后,人们也将翻译研究的重心逐渐转向了宏观层面,即从文本的内部研究转向了外部研究,而意识形态就是翻译宏观研究与外部研究最为恰当的切入点。

意识形态的含义有两个:一是构成经济或政治理论基础的一系列观念与理论;二是体现某一团体、社会阶级或个人的思维特点或方式。因为社会意识是由物质生产决定的,所以处于不同社会地位的人往往拥有或生产各自的意识形态。Ideology 源自法语 ideologie,意思为模式与想法,拉丁后缀 logos 指话语。18 世纪后期,法国哲学家蒂斯特·德·特拉西(Destutt de Tracy)提出了"意识形态"一词。当时,该词只是一个哲学术语,用于表示"观念科学"。该术语的用法是由对"观念"的特殊理解的性质所决定的。这种特殊理解在一定程度上就是洛克和经验主义传统对"观念"的认识。因此,观念不能也不可以被理解成任何"形而上学"或者"唯心主义"意义上的观念。由于所有观念均来自人类对世界的经验,因此观念科学一定是自然科学。在《神圣家族》一书中,马克思提出了"意识形态批判"的概念,之后在《德意志意识形态》中对这一概念进行了分析。在这里,意识形态得到了马克思创造性地使用,其主要用于解决唯心主义与旧唯物主义中存在的物质与精神、存在与意识、主观与客观、自由与必然等对立关系。可以说,经典马克思主义对意识形态的观点,是以经济决定论、阶级斗争等理论为基础的。具体而言,一方面认为,意识形态、话语从属于更本质性的经济发展与阶级斗争;另一方面认为思想、意识、话语与社会政治变革相关,进而破除了唯心主义理解语言与社会意义的方法,其为之后的新马克思主义的文学、文化批评奠定了基础。

总之,经典马克思主义有关意识形态的论断,一方面为我们留下了丰富的遗产,另一方面产生了一定的歧义。大体上说,意识形态有如下六个特点。

(1)意识形态是统治阶级的观念形态,是物质生产领域占统治地位的阶级的精神力量。

(2)意识形态的虚假性。

(3)意识形态的合法性。

(4)意识形态的整合性。

(5)意识形态的控制性与操纵性。

(6)意识形态的各种形式相互影响和相互作用,并且以不同的方式影响着社会的经济与政治的发展。

在经济决定论、阶级斗争论、生产力与生产关系、经济基础与上层建筑等各种复杂的关系的基础上,形成了传统马克思主义意识形态的批评符码。随着马克思主义意识形态理论的不断发展,其形成了更加完整和丰富的解释。

在《历史与阶级意识》一书中,卢卡奇(George Lukacs)提出了阶级意识与革命运动的关系,并且对"虚假意识"的哲学概念进行了论证。卢卡奇指出,统治阶级的意识形态经常掩盖本阶级的经济利益,有着掩盖真相的欺骗性,其虚假意识甚至演变为有意捏造的意识。因为作家深陷虚假意识中,所以他们经常无法看见社会的真实情况。20世纪文论中最具特色的四个词,即"总体论""反映论""主体论""现实主义",均是卢卡奇提出的。意大利哲学家葛兰西(Antonio Gramsci)全面阐述了意识形态及"霸权"的概念,其引发了马克思主义政治理论的全面转向。对于卢卡奇提出的"虚假意识"这一说法,葛兰西提出了异议,并指出"成功表述的意识形态是有关世界的常识性的构想,其不言自明地体现在艺术、法律、经济活动以及个人及机体生活的所有表征上,而不是完全脱离于社会实践的想象的心理再现。"另外,统治阶级在一定程度上是通过意识形态,对其他阶级进行"控制"和"霸权"的。"霸权"是意义与价值的生活系统,构成了其所体验的实践,并且相互证明。所以,对社会中多数人而言,其构成了一种现实……对于

第四章　西方典型的文化翻译观

社会中的多数人而言要想超越它是很难的……从最为丰富的含义看,霸权是一种'文化'。这种文化可以看成某种特殊阶级对生命的控制与臣服。"(Raymond Williams,1998)葛兰西指出,意识形态存在两个领导权问题,一个是政治上的领导权,另一个是文化上的领导权。意识形态是统治阶级与被统治阶级在建构社会意义的过程中发生冲突的领域。主导阶级施展其文化霸权优势,将符合自身利益的社会意义阐释成为全社会认可的"公意",从属或者边缘团体则不同程度地抵制这一做法。结构马克思主义的典型代表是路易·阿尔都塞(Louis Althusser)。他对意识形态的机制、作用以及人的实践活动和科学认识的关系进行了深入研究。他提出了症候阅读法,认为文字的马克思著作仅为表层结构,而文字中还能找到深层结构。因此,文化有着两个不同层面:一是指概念之间、句子之间、段落之间、章节之间的表面上的起承转合的联系与结构;二是指语言中的缺失、空白与疏离等,其是不可见的话语。第一文本的阅读极为重要,但第二文本的阅读更加重要,通过了解作者无意识的投射,读者才会做出创造性的解读。对于意识形态的定义,路易·阿尔都塞指出,其是对个体与其真实存在状况的想象关系的再现。这一"现象"意识可以帮助我们理解世界,但也掩盖或者压抑了我们与世界的真实关系。路易·阿尔都塞的症候阅读法对文学的意识形态阅读理论进行了总结,其主要强调要阅读什么与怎样阅读。路易·阿尔都塞认为,每一种艺术品一方面是审美的,另一方面是意识形态的,其利于将文本自身被掩盖的事实揭露出来。路易·阿尔都塞提出的"意识形态国家机器"将艺术的存在看成一种文化意识形态的国家机器,目的是说明艺术不仅仅是个人的自由创造,其服务于特定生产关系的再生产。这种创造其实是与特定的出版机构、新闻机构、大众传媒、读者需求联系起来的。另外,艺术文本的意义得以实现是由具体语境之间的关系决定的,因为文本不但是人类经验的表现,而且是意识与主体性的前提与基础,社会现实也是通过其被建构、生产与阐述出来的。在《批评与意识形态》一书中,特里·伊格尔顿

(Terry Eagleton)特别注重意识形态的问题,且认为文本并不反映历史真实,而是通过意识形态阐述真实的效果。特里·伊格尔顿指出,积极参与并且指导人民大众的文化解放,是批评家的重要任务。文本是以意识形态为材料,以想象的形式重新加工与制作,文学批评成了一种意识形态的生产规律。文学批评要进行意识形态的批评应该从如下几个范畴展开:一般生产方式、文学生产方式、一般意识形态、作者意识形态、审美意识形态与文本等。

虽然西方意识形态产生的历史不长,但是其内容非常丰富。在不同的学派学者中,意识形态的含义也存在诸多不同。除了以上提到的主要代表人物与批评理论外,还有戈尔德曼(Lucien Goldman)的发生型批评、本雅明(Benjamin)的生产型批评、威廉斯(Raymond Williams)的文化唯物论型、法兰克福(Frankfurt)的否定批判型、詹明信(Frederic Jameson)的后现代批评型,以及斯蒂芬·格林布拉特(Stephen Greenblatt)的新苏黎世主义的意识形态批评型等。这些批评理论被广泛地应用到翻译理论研究、文化批评、文学批评等领域中。

研究翻译的意识形态的代表人物是佐哈和图里,这一研究最初是由研究翻译中多元综合系统引发的。受两位学者的影响,安德烈·勒菲弗尔在《翻译的文学:一种综合理论》一文中提出了"折射文本"的概念。这里的"折射文本"即为某种读者而进行加工的文本,目的是适应某种诗学或者某种意识形态。以安德烈·勒菲弗尔为主的翻译研究文化学派,不再将翻译看作社会的附属物,而是改变社会的催化剂,翻译作为一种文化活动,在特定社会中能操纵话语或者建构所需要的文化。显然,马克思主义意识形态理论衍生出了"操纵"这一概念。在1992年,安德烈·勒菲弗尔出版了三本著作(《翻译、改写以及对文学名声的操纵》《翻译、历史与文化论集》《文学翻译:比较文学视野下的实践与理论》),对什么是意识形态及其与翻译的关系进行了全面论述。安德烈·勒菲弗尔认为,翻译活动会牵涉对原文的某种形式的意识形态的操纵。其原因是,因为某种社会团体分享了共同的信仰与价值观,当源语与目的语的价值观或信仰发生冲突时,意识形态迫使译者或者文本操纵者对敏感文本进行调停或采取特定的价值取向。这里的"调停"即译者在翻译转换中对文本进行的干预,用自己的知识信仰取代原文。同年,美国翻译理论家韦努蒂(Venuti)借助《重思翻译:话语,文体性与意识形态》将文化研究带入了一个新的高潮。韦努蒂的翻译思想的基础与其说是衍生于后结构主义,倒不如说是根植于马克思主义以及阿尔都塞的意识形态思想。

安德烈·勒菲弗尔对于翻译与意识形态的关系进行了全面研究。他提出翻译研究应该涵盖四个层面,并且对自下而上的研究模式进行了颠倒,按照等级秩序及其在翻译研究中的重要性分别如下。

(1)意识形态。

(2)诗学。

(3)话语体系。

(4)语言。

假如译者的译作想得到目的语文化、意识形态的认同,其就不得不对译文进行改写或者删减。诗学是文学翻译的内部结构,如果译作被目的语读者所接受,译文就要遵从目的语的文学式样与风格。话语体系即一系列概念、意识形态等是否与整个目的语文化相融合。假如原文的风俗习惯、概念等对目的语读者而言是难以理解的,译者就要对其进行适当的调整。语言涉及翻译中语言文字的运用与选择方面,不同的时代有着各自的主题思想与语言风格,不同的作家也有属于自己的风格,译者不但要翻译思想、风格,更要翻译好语言,如引进新的语言,创造新的词汇是译者的使命,目的语语言的发展与翻译语言有着密切的联系。通常,赞助人、机构以及出版商关注的是译作呈现怎样的意识形态,而译者主要关注后面三个部分。假如译作的意识形态与目的语意识形态相吻合,意识形态与诗学保持一致,那么译作在出版发行以及读者反应方面就不会遇到麻烦。假如译作的一些内容向目的语的意识形态或者价值观提出挑战,译者要么对译作内容进行改写、删减,要么之后再出版。假如经赞助人同意出版,这一译作肯定是改变主流意识形态的催化剂,或者催生新的意识形态的诞生。

从诗学层面说,翻译是从技术角度改写原文的。这里的"改写"具有如下几层意思。

(1)首先是文学史的改写,以一种全新的方式或者角度对文学史进行改写。

(2)文学作品的改写,改变成其他形式。

(3)翻译的改写。

纵观西方翻译史的发展历程,其中出现了不少翻译改写,如古罗马对古希腊经典作品的改写,文艺复兴对古希腊、古罗马作品的改写。随着现代掌握拉丁语和希腊语的人越来越少,被改写的译文逐渐替代了原文。纵观西方国家的翻译史,从贺拉斯开始就有了改写的实践,之后有马丁·路德对《新约圣经》的翻译与改写,这些翻译改写活动与其说是反映了意识形态的控制,不如说是赞助人在施加影响。对于翻译的改写活动,除了属于译者的个人行为外,更重要的是赞助人在发挥作用。古今中外,大量的翻译文本,如果没有赞助人的帮助,是难以顺利完成的。作为权力机构的代理人,赞助人可能会推动或妨碍翻译事业。与其说赞助人对"诗学"感兴趣,不如说是对意识形态感兴趣。确切地说,"诗学"层面的"改写"与意识形态层面的"改写"是不同的,前者改写原文是为了便于译者理解和接受,确保翻译的可读性;后者改写的目的更主要体现在内容上突出特定阶级的主导思想。总之,20世纪之前的"改写"实践与赞助人有着密切联系,而意识形态的改写活动主要发生在20世纪后期。

主流意识形态通常会通过上述三种形式,尤其是机构体制,施加自己的影响。尤其是处在社会政治生活激烈动荡,或者发生大的变革的时期,国家的前途、民族的命运等政治生活内容,往往成为社会成员关注的焦点,这也属于一种"意识形态情结"。

通常,主流意识形态之下流动着暗流,意识形态并非如同铁板一样,曾经被禁止的可能重新畅销,变成主流,边缘可能走向中心。不同历史时期的翻译作品的基调反映了不同的意识形态。

安德烈·勒菲弗尔指出,总体上说,译者主要受两个方面的限制:一是意识形态,二是诗学。其中,意识形态主要从政治、道德、伦理和社会方面限制与引导译者,而诗学是译者翻译过程中的文本表征。对于意识形态、诗学、论域和语言四个因素,其从高到低的等级顺序为:意识形态→诗学→论域→语言。假如原作中某些部分被删除而没有进行翻译,其可能是意识形态方面的原因,相比较来说,诗学、论域和语言发挥的作用较小,虽然后者有一定的阻抗力。此外,不同读者可能有着不同的意识形态,所以对译文的接受反应不会完全相同。通常,译者对原作应及时进行适当的调整与改写,使其符合所处时期占统治地位的意识形态与诗学形态,从而达到使翻译的作品被尽可能多的读者接受的目的。在文学系统中,真实边界其实是由意识形态进行划分的,不同政权的当局为了社会体制的稳定与延续,通常会操纵宣传机器,借助媒介、出版、新闻等手段控制话语权。作为一种话语实践,翻译经常遭到监控与审查。

虽然安德烈·勒菲弗尔引进了"论域"这一概念,但其没有对论域是指什么进行详细论述。他要求译者必须在原作者所处的论域与译者所处的论域之间保持一种平衡。根据安德烈·勒菲弗尔的论述可知,论域可以指风俗习惯、信仰,可以指译入语的文化,可以指体裁、风格、文本类型与语境,可以指目的语的自我形象,还可以指读者的阅读期待。因此,在安德烈·勒菲弗尔看来,论域是一个无所不包的东西,其概念较为模糊,边界极为宽泛,所以削弱了其在翻译研究中的作用。[①]

---

① 刘军平.西方翻译理论通史[M].武汉:武汉大学出版社,2009:432.

第五章　林语堂的文化翻译观

林语堂不仅是一位作家,还是一位翻译家,他在国际文坛上享有极高的知名度。他是中国提出"翻译是一门艺术"的第一人,其翻译思想在其长篇论文《论翻译》中得到了充分的体现,对中国的翻译研究产生了巨大的影响。对于文化翻译,林语堂有着独到的见解和认识,本章将对林语堂的文化翻译观进行详细说明。

第一节　林语堂的翻译活动及理论

林语堂在创作和翻译研究生涯中,留下了丰富的成果,包括小说、散文随笔、翻译作品、教材、词典等。这些成果不仅体现了林语堂的智慧与勤奋,也体现了他在文学、哲学、历史、语言等不同领域里的不凡造诣。

一、林语堂的翻译活动

林语堂对翻译以及翻译活动的看法集中体现在其万余字的论文《论翻译》中,《论翻译》可以说是其具有代表性的翻译理论。而与之对应的是他大量的汉英和英汉翻译作品,尤其是他的汉英翻译作品占了较大比例并且具有很大的影响力。林语堂自己的英语作品大都请别人翻译,而他自己多从事汉英翻译,较有代表性的是《孔子的智慧》和《老子的智慧》两部译作。此外,他还翻译了历史上许多其他文人的作品,如沈复的《浮生六记》、郑板桥的

《家书》、屠隆的《冥寥子游》、张潮（张心齐）的《幽梦影》以及《东坡诗文选》等。

二、林语堂的翻译理论

林语堂在总结和继承前人翻译成果的基础上，提出了翻译的三大标准：忠实、通顺、美。他认为这三层标准与严复的"译事三难"是相符的。虽然这三层标准是针对英汉翻译提出的，但实际上这些翻译标准具有广泛的代表性，也适用于汉英翻译。下面就从这三个方面来论述林语堂的翻译理论。

（一）忠实问题

在上述三个标准中，林语堂对忠实标准的描写花了大量笔墨。之所以对忠实标准如此看来，部分原因是因为当时中国翻译界正上演着一场以直译和意译为中心的关于翻译标准的论战。五四运动以来，关于直译和意译的讨论一直是当时中国翻译界的热门话题。鲁迅首先提出了"直译"的观点。他认为逐字译或者硬译可以产生"欧化"的语言和文法，不但能输入新的内容，而且能输入新的表现方法，可以丰富本国的语言文字。梁实秋批评鲁迅的"硬译"为"死译"，认为"曲译固是我们深恶痛绝的，然而死译之风也断不可长"。

面对这场论战，林语堂提出了自己富有见地的主张。他在《论翻译》一文中将忠实程度分为直译、死译、意译和胡译四个等级。他认为死译是直译的极端，胡译是意译的"过激党"，所以林语堂在谈论这个问题时抛开了胡译和死译的提法，而单论直译和意译。他首先对直译和意译这两个名称是否适用提出了质疑，认为这种名称本身就是不恰当的。源于对直译和意译的质疑，林语堂提出了句译和字译的概念。字译就是字字对应的译法，而句译是将句子作为一个整体，把单字的意义结合成连贯的"总意义"。对于二者的取舍，林语堂明确表示句译是对的，字译是不对的。

所以,他主张应该用句译的方法进行翻译。

可以说,林语堂提出的句译和字译的概念是对翻译忠实标准的一次全面思考和总结,对于翻译研究和实践有着重要的意义。但相对于人们的普遍认识,林语堂的这组概念的提出显得有些主观和片面。总体而言,尽管林语堂所提出的句译和字译的概念具有主观的一面,但在当时的争论狂潮中,他以自己创新的观点独树一帜,对翻译理论的发展以及研究具有积极的意义。

(二)通顺问题

林语堂认为,在翻译过程中要保持译文的通顺,并认为不通顺的译文是对译文读者不负责任的表现。他还指出,通顺的译文与创作的通顺在本质上是一回事。行文通顺依赖于"句义为先,字义为后",这又与他提出的"句译"概念相互吻合。林语堂强调通顺是建立在忠实的基础之上的,而并未将二者对立起来。同时,他对于通顺的阐释是从翻译的单位这个角度展开的,这样不仅显得客观,而且令人耳目一新。

(三)审美问题

对于翻译标准中的审美问题,林语堂也用大量篇幅进行了论述。林语堂认为翻译除了要做到忠实和通顺外,还应该兼顾到美。他关于翻译中美的问题的论述集中体现在三个方面。

(1)翻译是一种艺术。译者在翻译诗文、小说等文学作品时,除了忠实通达以外,还要注意文字之美的问题。

(2)在翻译艺术文时,要注意以下三个方面的问题。首先,重视原文的风格,将原文的风格看得与内容等同重要。其次,关注文字体裁的问题。林语堂认为,文字体裁可以分为外的体裁和内的体裁。外的体裁问题就是如句之长短繁简及诗之体格等的问题,对于译者来说相对容易把握。内的体裁则是语言之外的风格、神韵等抽象的东西,对译者的要求更高。林语堂首先强调了译者要体现原文的内在体裁所应具备的条件,同时客观地预见了其难度,所以他大胆而又有创造性地提出了"不译亦是一法",这在今天仍然具有现实的实践意义与理论意义。最后,翻译即创作。这也是林语堂对翻译的审美问题的态度和主张。

(3)艺术文是不可译的。林语堂指出,艺术文具有不可译性,并特别指出诗文的不可译。他认为译诗应当做到意境第一,而"意境的译法,专在用字传神"。因为不同语言、不同作者创作的诗歌蕴含了不同的韵味、意境、韵律,其用字的精妙、整体的风格等往往是很难移植的。

第二节 林语堂翻译的语言观

林语堂精通英汉两种语言,并且达到了运用自如、圆熟地道的程度。他对两种语言有着地道的观点,其语言观也体现在其翻译中。本节将对林语堂翻译的语言观进行分析,并基于此对其翻译策略的文化观进行说明。

一、林语堂翻译的具体语言观

(一)国语语言观

五四运动前后,一些具有远见的文人掀起了白话文运动。在这期间,由于外国作品被大量翻译成中文,因此中国文学作品的语言出现了另一种倾向,即部分作家和翻译家(如鲁迅)提倡模仿外语,引入带有异国情调的语言来丰富国语。针对国语发展应该何去何从,林语堂通过一系列文章阐明了自己的观点,对白话文的健康发展起到了促进作用,而这些观点也代表了林语堂的国语语言观。

首先,林语堂认为白话口语应与文言成语相结合。面对一味追求白话文而否定文言文的风尚,林语堂保持着客观、清醒的态度。他认为白话文固然值得提倡,但是文言文中也不乏具有保留价值的成分,所以文学语言应该是以白话文为主,以文言文为辅,两者互相结合,以此之长补彼之短。

其次,林语堂提倡清新简洁的国语语言。在《说个人笔调》这篇文章中,林语堂主要强调的就是国语写作中个人笔调的重要性。

林语堂并不反对一些作家和翻译家所提出的语言欧化的观点,但其阐述使得该观点更合理,也更有说服力和实用价值,而且对国语的健康发展起到了积极的引导作用。

(二)英语语言观

林语堂能够用英语熟练地进行创作,而他个人的英语语言观也体现了他对于语言的深刻悟性和成熟的态度,这主要体现在以下两个方面。

首先,林语堂认为英语语言应该清新、通俗、自然,反对矫揉造作或故作玄虚的文笔。他认为词汇的选用贵在自然,此外他还强调应该选用较为常用的词语而避免高深的词汇。

其次,林语堂从语言文化交流的角度,创造性地提出了英语中的"洋泾浜英语"存在的价值和发展的前景。

二、林语堂翻译策略的文化观

翻译不仅是两种语言之间的转化,更是一种文化到另一种文化的转化,这就意味着翻译在一定程度上受文化因子的制约,同时决定着原作生命力是否得以延长。翻译文本也体现译者对不同文化的理解程度,因此从文化角度解读翻译是认识和评价翻译的重要途径之一。林语堂具有独特的翻译观、语言观、哲学观和审美观等,在文化自觉观的视角下,这些因素都能够在其翻译中找到印记。具体来看,林语堂英译文本中所体现的文化观集中体现在以下几个方面。

第五章 林语堂的文化翻译观

（一）文化借用

所谓文化借用,是指在译入语中继续使用源语的表达方式。具体而言,就是将源语表达形式对译到目标语,而目标语中并没有合适的对等表达。被置换的词语也许不经过任何改动,也许略微发生变化。这种翻译方法通常被界定为直译或异化翻译。源语文化与译入语文化之间存在的差异越大,译者在翻译中越可能更多地采用文化借用策略。当然,译者还可以使用注释或增译等补偿性手段,帮助读者接受和理解。使用文化借用的异化翻译策略,能够尽可能保留原文文化色彩和表达方式,也实现了译者文化人格的独立性。

林语堂深谙中西方文明,其在汉英的编译中将文化借用作为处理中西方文化差异的手段之一。译者和作者一样,心目中有理想的读者。这样的读者有一定的认知能力、文化前理解和对译本的期待心理。读者的接受状态决定着译作在目的语文化中的生存状态。林语堂在英汉、汉英的翻译中,都体现出浓厚的读者意识。在面对中国读者时,在译文中增加符合读者期待视野的逸闻趣事,达到交代文化背景知识、增加文章的趣味性并拉近与读者之间的距离的目的。例如,在《罗素离婚》的开头部分,林语堂添加了一段文字:

前听志摩讲,住在他家里时,看见他也曾发怒打小孩屁股。这在《教育与好生活》之作者及具有新教育理想倾家办私塾之伟人,倒很耐人寻味。罗素第二夫人,来北京时,尚是勃烈克女士,时为罗素书记……后来他们回英。罗素就离婚娶勃女士了……最可惊异的,是他们主张夫妇一时有外遇,或是暑假期间有一段艳史,都属无妨,且言痛斥者是妒忌之非……然而他们竟然离婚了。不知是哪一方逃不出妒忌,或有他种原因,我们无从推敲了。

对于罗素,中国读者当然知晓,但是鲜有人知道罗素夫人是何许人也,他们夫妇的关系怎样,为什么罗素会离婚。林语堂插入这段说明是大发自己的感慨,营造了一种老友叙旧的气氛,将读者视为知己。这段文字开始于徐志摩关于罗素"怒打小孩屁股"的八卦,讲到罗素夫人是其第二任夫人,是一位有新思想的女性及夫妇俩关于婚姻令人瞠目结舌的观点。这段关于罗素夫妇的趣闻在交代必要的文化背景信息的同时,极大满足了读者对名人隐私的好奇心和窥视欲,真正实现了让读者读之乐之。

在林语堂看来,"一种文化的真正试验并不是你能够怎样去征服和屠杀",保持"汉语文化及其语言特色"也是一种爱国表达方式。林语堂很多作品都采用文化借用的翻译方法。例如:

服余衣,长一寸又半;于腰间折而缝之,外加马褂。

(《浮生六记》)

Although my gown was found to be an inch and a half too long, she tucked it round the waist and put on a makua on top.

林语堂直接以拼音表示"马褂",其保持原文文化特色的用意十分明显,而对英语读者来说,这种异域的信息无疑是新鲜的,但是原文中有足够的信息作为参照,读者完全明白它是一种中国男性服装。

在用英文创作的小说《京华烟云》中,林语堂也较多地使用了文化借用的策略,体现了林语堂刻意保持汉语语言文化原貌,努力与西方读者建立文化融合的第三空间。在惯用语上,林语堂将汉语的成语或俗语在未做任何解释或改动的情况下直接搬入英文。例如:

You have crossed more bridges than we have crossed streets.

您走的桥比我们走的街也长。

尽管不同民族的历史、思维方式与生活哲学不同,但是人们在生产和生活过程中,在与自然界做斗争的过程中,总存在某些共同的经验,这就使得一个语种的部分习语可以与其他文化相通。林语堂将"您过的桥比我过的路还长"这一俗语借用到英语中,凭借逻辑运算和上下文,英语读者可以读出"You are much more experienced than I"这一含义。

My intestines are broken and I cannot think. What was wrong?

It was not my fault, was it?

我肝肠寸断了。我心也不能想。我有什么不对呢？

在本例中，成语"肝肠寸断"与英语中的思维方式略有出入。不同的民族，往往借用不同器官表达同一情感。在如此明显的语境中，读者很容易推断出"intestine are broken"的正确意思为"My heart is broken"。

The ancients said, "Red cheek, harsh fate", but I say it was not the red cheeks but the clever heads that ruined women.

古人说："红颜薄命"。不过我却说红颜不见得薄命，而聪明多才才薄命。

上述是对"红颜薄命"的借用，英语读者可以理解"薄命"的含义，任何文化中都有"薄命"人存在。根据"clever heads that ruined women"，完全可以推论出"red cheek"指代外貌较好的女性。林语堂在惯用语和俗语翻译上采用文化借用的策略，在人类经验或情感重叠之处，采用"有度"的错位，有效利用了读者的理解和作者的表达，增强了读者的好奇心或阅读的趣味性，于不知不觉中将读者带入佳境。

对于涉及中国民俗文化的内容，林语堂都会以引号标记，这说明林语堂在翻译过程中刻意为文化借用策略添加了标签，让西方读者注意文中描写的中国传统文化习俗的成分，这是林语堂语言翻译运用的准确性和得体性的充分表现。

在翻译过程中考虑文化间的差异十分重要，而有效利用文化间的共同点和可沟通点，能为读者理解译文带来事半功倍的效果。认知语言学认为，人类的发展是人类对主客观世界的认知过程，经历从简单到复杂、从熟悉到陌生的过程。在文化借用中，译者将异域文化"打碎"，然后投射到译入语读者最熟悉的语言实体中，编织成多彩多姿的故事情节。文化借用手段也是译入语词汇发展的催化剂，甚至能改变译入语语言组成结构。林语堂在其翻译中的文化借用策略抓住了文化间的"经验重叠"，是文化自觉观的有效运用。

(二)文化更换

文化更换是指译者在翻译过程中,结合文化语境的改变,会采用对字面翻译的某些不同程度的偏离。文化更换实际上是直译的另一种表述,其在于选择目标文化特征与目标语言,背离了源语文化特征。文化更换的程度越大,越接近目标文化,看上去越不像外国作品。

林语堂在汉英翻译过程中,也常借助文化更换的策略处理英语文化所不熟悉的汉语语言文化现象,使得译文在习俗、思维、意识形态等方面符合西方文化的习惯,但是原文中客观信息的精确度在文化更换后大打折扣。具体而言,林语堂对文化更换策略的运用主要体现在以下四个方面。

首先,在翻译度量衡单位体系时使用文化更换策略。中国传统文化与西方文化在长度、重量、时间、货币、体积等方面采用了不同的单位体系,汉语中出现的此类单位语言符号在英语中没有对等符号。林语堂在向西方读者传递度量衡单位体系的语言信息时,是有意识采用文化更换的翻译策略。例如:

君岂有斗酒如东坡妇乎?

(《不亦快哉》)

Have you got a **gallon** of wine like Su Tungpo's wife?

"斗"对西方读者来说是陌生词语,与读者元语用意识之间充满巨大的张力。当熟悉和常见的符号概念与他们元意识之间的张力消失,就照顾了读者的理解习惯。不可避免的遗憾是,原文中客观信息的精确度在文化更换后不仅大打折扣,原文所蕴含的文化色彩和审美意义也遭到遗失。

其次,在一些文化现象和文化诗词的英译中,林语堂也会考虑读者的文化接受度和心理期待,而采用英语读者熟悉的词汇对其进行更换。例如:

与余为总角交。

(《浮生六记》)

He was a **childhood chum** of mine.

"总角"指古代儿童头上的发髻,后来被用于指代童年。林语堂用英语中常见的名词来更换原文,排除了英语读者的理解障碍,非常合理自然。

再次,林语堂以译文读者为中心的意识体现在他对原文句式结构的转换上。这种转换既顺乎人的天性,又体现译者丰富的学识基础,使译文展现出富有情趣的生命状态。例如:

并头联句,交颈论文,宫中应制,历使属国,皆极人间乐事。

(《幽梦影》)

Some of the greatest joys of life are: to discuss literature with a friend, to compose together tête-à-tête a poem by providing alternate lines, to sit at the palace examinations, and to be sent abroad as a diplomat to our country's dependencies.

英汉语言在句式结构上的差异十分显著,上述理论就体现了汉语四字格、并列结构句式、重点放在句尾、先因后果(cause + result)等松散句型结构;而英语具有重形合、句首聚焦、先果后因和结构严谨等特点。林语堂在译文里针对汉英文化思维方式的差别,在结构上做了调整,将原文的因果关系颠倒过来,实现了英语的先果后因、句首聚焦的特点,体现出对读者的尊重,也为中国传统诗学翻译注入了现代意义。

最后,林语堂善于将所谈论的人物与西方人熟悉的人物或事物联系起来,进行恰如其分的类比,实现相应的微观层面的文化更换。例如:

……随意素食者和拘于原则的素食者的分别,有如矢誓独身的和尚与结婚的牧师之间的差异。

… the difference between a vegetarian by temperament and a vegetarian by principle is like that between a celibate Catholic priest and a married Protestant pastor.

在上述汉语文本中,林语堂将素食者分为"随意素食者"和"拘于原则的素食者"。为了清楚阐明二者之间的关系,林语堂将随意的素食者比作可以结婚的牧师,将拘于原则的素食者比作矢誓独身的和尚,让读者明晓两种身份的差异。但是在英文中,林语堂将随意的素食者比作可以结婚的新教牧师,将拘于原则的素食者比作独身的天主教教师。这种在不同文化内采用不同的比较,是为了拉近与读者的情感距离。林语堂对文化更换这一翻译策略的选择,实现了互惠性理解,从而使跨文化传播由"交流"升华为"分享"。

(三)文化隐身

在翻译过程中,林语堂为了规避由文化差异带来的障碍,还常使用文化隐身策略隐去相关文化信息。他在英译"孔子与康德"的论文时,对于西方读者了解的康德部分尽可能简化(或隐去),对于孔子部分却尽可能翻译得详尽,以激发读者的阅读兴趣。从文化交流的角度来看,这种做法与文化更换一样,都是为了减轻译文读者的理解负担而人为地消除文化障碍。但是,文化隐身是将原文中的相关文化内容直接在译文中省略,会让译文读者觉得根本就不存在该信息,所以与文化更换相比较,它似乎更严重地牺牲了原文中的文化内容。采取文化隐身的原因是,林语堂的英文作品不是给中国人看的,而是给能够自由选择书籍并通过阅读获取知识的西方人阅读的。

文化隐身存在两种情况:第一,在不影响句子前后逻辑关系的情况下,原文中部分内容在译文中被省略掉,就如同这部分内容从未存在;第二,省略原文相关的文化信息,以简略的语言进行概括。采用文化隐身策略译出的译文会让读者读起来很流畅,但也严重损坏了源语的文化特色。例如:

晨钟夕磬,发人深省。

(《幽梦影》)

What a profound warning.

"晨钟夕磬"在原文中是暗喻的修辞手法,体现出钟磬在汉语文化当中的警示含义,与"发人深省"在语义上属于重复,在汉语文化中完全可以接受。在英语文化中就应该避免重复,所以林语

第五章　林语堂的文化翻译观

堂将形象的比喻直接忽略,其对于英语语言的良好悟性与运用英语的灵活性尽显其中。

林语堂在译文里绝对地隐去原文文化内容也是进行二次创作,虽然保留了原文的意义和意境,但是更强调译文的结构、声音和意境美。这种文化隐身令人一目了然,而用相对简单的语言概括原文信息,虽然隐去的痕迹并不是很明显,但是在本质上,原文的相关内容还是被忽略了。

当然,对于富含典故和其他文化信息的原文,如果无法简单地进行"忠实"翻译的话,就必须借助于补充的翻译手段。对此,林语堂曾做出清晰的说明。例如:

昭君以和亲而显,刘蕡以下第而传,可谓之不幸,不可谓之缺陷。

(《幽梦影》)

Some men and women left a name for posterity because they were victims of some adverse circumstance. One can say they were most unfortunate, but I doubt that one should express regret for them.

林语堂隐去原文的文化内容而另寻文字予以说明原文的含义,增加了一条注解。因此,林语堂的文化隐身背后也有着复杂的原因,并不能就某一因素简单地进行解读。但必须肯定的是,译者在吸收不同文化的优点之后,做了新的发挥和建构。

林语堂将原文中的文化成分隐形,不论是全部隐形还是以简略的语言进行概括解释,都是建立在不损害译文的通顺流畅和方便译文读者阅读和理解的原则之上。通过省略原文的文化内容,自然消除了读者理解的障碍。对于纯粹无法被西方读者理解的文化,适当省略或删除,从表象上看,这种选择违背了忠实的标准,汉语原文的文化信息在这个过程中被抹杀和忽略,在本质上却提高了译文读者对东方文化的欣赏期待和接受能力,解决了读者有限的理解能力。文化隐形翻译策略还体现出译者重视受众的需求,面对大众化的受众,要以感性为主,以理性为辅,走平易近人的通俗化道路。

第三节 文化转向视角下林语堂翻译的审美再现

在翻译实践中,林语堂常根据不同的情况,采用不同的方法,来对审美问题进行再现。本节将对文化转向视角下林语堂翻译的审美再现展开说明。

一、韵文翻译意形取舍

由于韵文在句式、声音和节奏等形式方面与其他文学形式相比具有特殊性,因此诗歌翻译的标准也自然与其他形式的文本翻译有所区别。从文化角度来看,林语堂的韵文翻译需要从形式和意义这两个审美范畴进行分析。

(一)见形舍意

在林语堂看来,诗是不可译的,也就是说在美学角度上要使译文的意义与形式都与原文绝对一致是不现实的,所以在实际翻译活动中,只能侧重某一方面,而侧重点主要由译者的翻译思想、翻译目的和读者对象等因素决定。林语堂强调,译诗首先要把意境放在第一位。意境就是作品中呈现的情景交融、虚实相生的形象系统及其所诱发出来的审美想象空间。所以,实现原文的想象空间应该是林语堂译诗的追求之一。

联系翻译目的,从林语堂对原文的形式与意义的侧重上可以了解影响其审美观的文化立场。林语堂汉英韵文翻译的一个突出特点就是他为了追求译文形式上的标准而忽略了意义的准确。就韵文翻译而言,当原文内容被弱化时,同时得到强化的是译入语读者的理解需求和认知期待,也因而体现出译者偏向于译入语文化这一方的文化立场。

在林语堂的翻译三标准中，如果说忠实主要是强调对原文和原文作者负责的话，那么通顺和美的标准则除了体现对原作的尊重，更强调了服务于译文读者对译文理解和欣赏的目的。上述译例中，林语堂在一定程度上舍弃了诗文翻译对原文意义忠实的追求而强调其结构上和声音上的美，这种取舍立场也因而表明了在原文、原文作者和译文读者这三者之间，林语堂选择将译文读者作为翻译服务最重要的目标的倾向，通过对译文形式美的追求来满足他们对诗歌形式的期待。同时，通过整齐优美的译文形式，林语堂做到了忠实于汉语原文的结构整齐、押韵严格等特点。相比之下，原文意义则被放在了次要的地位。如果从文化角度探究其根源的话，林语堂通过迎合英译诗歌的形式美而舍弃了对原文意义的忠实，这在一定程度上体现了林语堂对原文以及源语文化的背离，也因而成为其东方主义文化立场的印证。

（二）见意舍形

见意舍形是体现在林语堂韵文翻译中的一个与见形舍意看似矛盾对立的翻译态度。见意舍形是指在翻译诗词时以忠实地再现原文意义为主要目的，而相对弱化了对译文形式，包括格律、句长和押韵等方面的要求。从审美角度看，诗词的译文形式是评判翻译成功与否的重要标准之一，而林语堂自己也认为在诗的翻译中美是重要的标准，显然这与其见意舍形的翻译态度是对立的，这就需要从其他的翻译意图来探究林语堂在诗词翻译中见意舍形的用心。与之相比，意义的忠实更能体现对原文及原文作者的重视，所以林语堂将意义置于译诗第一位的考虑自然也是重视原文及源语文化的表现。林语堂在汉诗英译中通过保持原文的意义表达了他对汉语诗词所承载的文化的忠实，也因而成为他深厚的东方文化情结的具体表现。例如：

山高月小，水落石出。

（《浮生六记》）

The moon seemed so small on the top of the high mountain and rocks stood up above the surface of the water, making a most enchanting picture.

原文结构简单但是严格对称。林语堂以一个长句的形式体现了原文，同样没有韵文的特点。

上述译例体现了林语堂在韵文翻译中强调意义而忽略形式的态度，通过对其翻译意图的分析，可以看出他立足于原文和源语文化的选择。但是不能否定的是，他通过真实地再现原文的意义，同样做到了对译文读者负责。所以可以说，林语堂在东西方文化间游走的过程中，并没有绝对地选择西方或东方作为自己的文化立场，也体现了其文化观"矛盾统一"的特点。

（三）意形兼顾

英汉诗歌无论在意义的表现和形式的审美判断上都存在显著的差异，在翻译中既要做到对原文的意义和形式忠实，又要使译文符合读者对韵文的审美期待是很难的，所以从翻译效果来看，许渊冲先生提出的诗歌翻译意美、音美和形美的三个标准是韵文翻译应追求的理想。而从译者的责任来看，如果同时兼顾了韵文意义的忠实和形式上的审美特征，那么可以说他不仅对原文和原作者尽到了责任，同时对译文读者也是负责的。由此，在两种语言文化的对话中，源语文化和译入语文化也得以兼顾，而并非顾此失彼。在林语堂汉语诗词的英译中，同样有不少意形兼顾的优秀译例，这不仅能够体现林语堂深厚的汉语和英语根底，而且也反映了他在向西方传递东方文化的过程中既要保持东方文化色彩，又迎合西方读者的理解需求和品位期待的双重文化立场。例如：

有笔头千字，胸中万卷，致君尧舜，此事何难。

（《东坡诗文选》）

With a thousand words from our pens,

And ten thousand volumes in our breasts,

第五章　林语堂的文化翻译观

We thought it not difficult to make our
Emperors the best.

上述诗句错落有致,具有较强的节奏感。林语堂的译文也在形式上体现了这一特点,并且做到了偶句押韵。他依然用直译的方法来表现原文的意义,像"千字""万卷"这样的夸张手法林语堂也以直译的方式传递,从而有效地复制了汉语的修辞手段。但是对于文化词"尧舜",林语堂没有用直译,而是直接以文化置换的方法将其简译为"Emperors",虽然原文的文化意义有所损失,但是在译文中保证了诗词语言的简洁。实际上原文中的"尧舜"作为借代的用法,指的也正是"Emperors",所以这种翻译手段首先照顾到了译文的形式和读者的理解,同时将其蕴含的意义表现了出来。

从表面来看,见形舍意、见意舍形、意形兼顾这三种不同的策略似乎是各自独立,彼此相互对立矛盾的,实则不然。由于韵文是一种特殊的文学形式,汉诗英译面临着重重困难,因此译者需要在可支配的语言资源内寻求最适合的翻译方法;但对于林语堂来说,除了这个纯语言的因素之外,这三种不同的韵文翻译手段的运用共同体现了他的文化观和文化立场。林语堂矛盾的文化观以及他所面临的特殊的文化环境决定了他在韵文翻译中既要考虑尊重汉语语言文化并复制原文意义的需求,又要为英语读者清除理解障碍并满足他们的审美期待。这种表面上相互冲突的翻译意图就导致了林语堂在韵文翻译中采用了在表面上看来相互对立的翻译策略。从本质上来说,这三种不同的策略又一致地反映了林语堂这类游走于东西方两种不同文化之间的特殊学者群的特质。

二、模糊语言的处理

模糊语言是一种弹性语言,是自然语言的客观属性。模糊语言出现的原因主要有两种:一是模糊语言具有外延不确定、内涵无定指的特性,尽管说话者对某种预设状态做尽可能周到的论述,但是意义仍难确定;二是说者"无意",听者"有心",偏离了说话者的初衷。

概括起来,林语堂大致采用了模糊手法、模糊与补充的手法相结合、直白化的手法来处理模糊语言,力求在忠实和美之间达成平衡。

(一)模糊的手法

模糊语言的使用可以给原文读者创造丰富的联想空间。在译文表达过程中,译者如果通过翻译能够在译文里适时适当地运用模糊语言,不仅可以使语言表达更加准确,而且还可达到某些意想不到的效果,如可以更加得体、委婉地表达原文。孙艺风认为译者应该恰当地把握信息传递,以及处理好原作与译文、译文读者的关系。

译者完全可以通过翻译为译文读者创造出与原文一样广阔的意象空间,使翻译的审美效果得到一定程度的再现。林语堂运用文化自觉的艺术技巧,借助赋、比、兴凸显了一种现代的爱情观。"赋"就是直接述说。"比"就是联想,如看见明月,就想起家乡,像李白的诗:"举头望明月,低头思故乡。""兴"是情绪,高兴的事自己自由发挥;悲哀的事也自由发挥。林语堂将"赋比兴"运用到中西文化比较与融合中,基于人性的翻译主旨,使得《浮生六记》焕发出一种生动面貌。浪漫爱情是人性光辉的集中展示,情爱模糊语言存在于人类所有语言中,采用模糊的翻译手法处理原文的情爱模糊语言现象,译文同样获得丰富的想象空间,不失为一个兼顾原文审美文化和译文读者的审美期待的有效方法。例如:

自此耳鬓相磨,亲同形影,爱恋之情有不可以言语形容者。

(《浮生六记》)

And so every day we rubbed shoulders together and clung to each other like an object and its shadow, and the love between us was something that surpassed the language of words.

"耳鬓相磨,亲同形影"的描写可以使中文读者产生丰富的想象,林语堂将其不加任何雕饰地直接翻译为"We rubbed shoulders together and clung to each other like an object and its shadow",在不影响原文意义传递的同时,也形象地再现了原文的意象,而尤为重要的是译文为英语读者保留了一定的想象空间和审美空间。

林语堂以模糊手法解决了原文中的模糊语言,在实现译文审美效果的同时,也未影响原文意义的传递,既尊重原文,也照顾了译入语读者对意义的理解和对审美的期待。

(二)模糊与补充的手法相结合

译文里再现模糊的语言是为了给译入语读者以相应的想象空间,满足他们对译作的审美需求。但是,要求译者使译入语读者和原文读者享有等量的阐释空间是不现实的。要完整地传达原文信息,还需要借助于一定的辅助手段。因此,林语堂在翻译过程中对部分汉语原文中的语言采用了模糊与补充手法相结合的方式。例如:

今则天各一方,风流云散,兼之玉碎香埋,不堪回首矣!

(《浮生六记》)

Today these friends are scattered to the four corners of the earth like clouds dispersed by a storm, and the woman I loved is dead, like broken jade and buried incense. How sad indeed to look back upon these things.

"风流云散""玉碎香埋"都是汉语成语,除了有表象意义,更有深层含义,前者多表示与自己亲人生离死别,像风和云一样飘散;后者则表示人死亡,尤其指年轻女性生命的逝去。这类成语在汉语读者当中耳熟能详,也无须解释。但是,鉴于西方读者在文化前结构和审美观念上的不同,读者要领会作者的本意就会面临实际的困难。林语堂在译文中补充了原文蕴含的内容"these friends are scattered to the four corners of the earth"和"the woman I loved is dead",从而为读者扫除了理解的障碍,同时因其以模糊的手法来直译成语,也给译文读者"生命存在意义"的联想空间,整体看来,意义和审美相得益彰,神貌兼顾。

(三)模糊语言的直白化

林语堂汉英翻译的原文文本有相当一部分是文言文,所以当中的模糊语言中难免会有相当多的典故词汇或汉语成语。由于汉英读者的文化认知环境不同,此类词语很难直接进入英语读者的审美领域。如果直接引入英语中,读者难以理解和接受。读者的接受状态决定着译作甚至是原作在目的语文化中的后续生命。在这种情况下,译者将模糊语言清晰化和直白化成为达到翻译目的的必要手段。林语堂在实际翻译中对原文中部分模糊语言做了直白化和清晰化的处理,有效地消除了译文读者的理解隔膜。读者的接受是他对模糊语言进行直白化翻译的出发点和原动力。例如:

况锦衣玉食者,未必能安于荆钗布裙也。

(《浮生六记》)

Besides, one who is used to beautiful dresses and nice food like her will hardly be satisfied with the lot of a poor housewife.

源语文本中模糊语言的运用是为了达到审美的效果,供读者鉴赏,但是当原文的模糊语言超出了译入语读者的鉴赏能力范畴时,译者退而求其次,通过直白化的方法将原文的模糊语言的意义传递到译入语中,也不失为一种可行的翻译策略。而在这个过程中,林语堂显然倾向于向译文读者传递原文的根本含义,原文的审美意义在某种意义上相对被弱化甚至忽略。这在一定程度上体现了林语堂迎合译入语读者的理解能力和阅读期待的翻译意图以及由此而体现出来的文化立场。

三、其他修辞语言的审美翻译

修辞语言的运用对源语文本的思维方式、审美标准以及主题表现等都起着重要的作用,所以对于修辞语言的翻译,译者除了要体现原文语言形式的审美意义,也要体现其中蕴含的文化意义。这就要求译者不仅要熟知语言内容,更要熟知语言形式背后的文化内涵。同时,从翻译目的的角度分析译者对修辞语言的翻译策略,也可以反观其文化立场。

林语堂在传递汉语的修辞语言的文化意义、实现其审美效果的过程中,根据原文修辞语言的特点采取了不同的翻译策略。通过对这些策略的分析,可以了解其在文化立场中的选择。

首先,尽管英汉两种语言在表现形式上有所不同,但是由于双方的思维方式存在诸多共通之处,所以读者对于本土语言中不存在的语言表达形式也有可能理解和欣赏,其中习语的用法就是很好的例证。例如,汉语中的成语"班门弄斧"与英语中的"to teach the fish to swim"大致对应,但是如果要彼此互为译文则有些勉强,因为两个词所蕴含的智慧和意象都在交互替代中被抹杀掉了,因此直译的方式不失为可行的选择。例如,将"班门弄斧"英译为"to exercise one's axe before the carpenter master",将"to teach the fish to swim"汉译为"教鱼游泳",虽然表达形式有些"异国情调",却完整地在译文中保留了原文的修辞色彩。林语堂在汉英翻译中,对于汉语原文中的部分修辞语言也采取了这样的翻译方式。例如:

铁鸟下蛋;中了航空奖券;挂彩;翘辫子

(《京华烟云》)

The dropping of a bomb from an airplane is but the "iron bird laying an egg", and to be hit by the bomb is but to "win first price in the aviation lottery", to have blood streaking down from a wound in one's temple is but to "hang a festoon of red silk", death itself is but to display "a crooked queen".

上述原文中包含了明喻、夸张和幽默等不同的修辞手法,形象地再现了汉语的方言特点。林语堂在翻译时保留了原语言的形意张力和意义潜势,高度再现了原作语言的文学性,做到了最大程度的语义相等和语效相当。由于原文的描写紧接着是比喻性的文字,所以当其内容在译文里被借用后,即使译文中并没有类似的表现方式,读者对之产生的意象也完全可以跟意义联系起来,因而并不会产生理解的偏差。所以,林语堂的翻译不仅体现了对原文意义和审美形式的尊重,也照顾了译文读者的理解,同时迎合了他们了解东方语言文化本色的愿望。

为月忧云,为书忧蠹,为花忧风雨,为才子佳人忧命薄,真是菩萨心肠。

(《幽梦影》)

It shows the heart of Buddha (misericordia) to worry about clouds with the moon, about moths with books, about winds and rains with flowers, and to sympathize with beautiful women and brilliant poets about their harsh fate.

原文中出现了排比和类比的修辞手法。林语堂将原文的修辞语言直接移植到译文中,保留了原文的审美形式。他所做的唯一调整是将原文的总结部分"真是菩萨心肠"提到句首,从而将原文的归纳性结构转换为演绎性结构,以符合英文的表达习惯与英语文化的思维习惯。其翻译既体现了原文的审美意义及其形式,又照顾了译文读者的审美期待和理解需求。

久欲为比邱,苦不得公然吃肉。

(《不亦快哉》)

I have long wanted to become a monk, but was worried because I would not be permitted to eat meat.

原文中使用了暗喻的修辞手段,但喻体"比邱"是一个具有文化特色的词。"比邱"也为"比丘",属于梵语,是印度出家修道者之通称,后专属佛教之出家人。如果直译,译文读者无从理解其

第五章 林语堂的文化翻译观

真正的意义,更不用提欣赏其修辞的审美效果了。因此,林语堂将原文的文化词概括化为"和尚",借以传递原文的含义。

值得一提的是,林语堂在翻译原文的修辞语言时,也出现了刻意避开原文的修辞形式,而寻求译入语里更为常用的表达形式来替代,其翻译意图体现出他在文化立场上向西方文化的倾斜。例如:

文人讲武事,大都纸上谈兵;武将论文章,半属道听途说。

(《幽梦影》)

A literary man discussing wars and battles is mostly an armchair strategist; a military man who discusses literature relies mostly on rumors picked up from hearsay.

"纸上谈兵"直译形式可以是"fight only on paper",但林语堂将"纸上谈兵"译为英文中的习语"an armchair strategist",虽然其意象与原文略有差别,但是从语言形式和意义上都表现得十分充分,不失为佳译。

秀峰今翠明红,俗谓之跳槽,甚至一招两妓。

(《浮生六记》)

Hsiufeng used to go from one girl to another, or "jump the trough", in the sing-song slang, and sometimes even had two girls at the same time.

林语堂并没有将"今翠明红"直译为"with a Green today while with a Red tomorrow",而是译为"used to go from one girl to another",这种翻译的立足点是英语语言表达习惯和西方读者的思维习惯,从而也在一定程度上疏离了汉语语言和东方文化。

可以看出,林语堂完全放弃了原文的形式,以英文中的一个比喻形式来表达原文的意义。从译文形式上看,有较强的视觉冲击力,并可以为读者创造丰满的意象,体现了林语堂个人的审美情趣、性格气质和表达习惯。

第六章 文化负载词的翻译研究

随着全球化进程逐步加快,不同文化之间相互交流与碰撞日益频繁,文化翻译的重要性日益凸显,尤其是文化负载词的翻译,其在文化交流中起着十分重要的作用。就微观层面而言,文化负载词在文化意义承载层面具有典型性,且翻译策略的选择很大程度上会对客观反映源语文化的程度产生影响。因此,要对文化负载词进行合理的翻译与研究,须同时结合多个视角来探讨具体的翻译策略。本章就基于阐释学、生态翻译学、关联理论这几个新颖的视角,探究文化负载词的翻译问题。

第一节 何为文化负载词

文化负载词为语言系统中的一类词汇,其将语句中所包含的文化信息最大限度地展现出来,同时将人们的社会生活加以呈现,使人们的交流与交往更加便利,情感与思想得以明确传达。本节就首先来分析何为文化负载词。

一、文化负载词的概念与特点

"文化负载词"这一概念最早出现在许国璋的 *Culturally Loaded Words and English Teaching* 一书中。对于文化负载词的表述有很多,如"文化词汇""文化专属词""文化限定词""国俗词语"等。对应的翻译也有很多,如 culturally loaded words,culturally bound words,culture-specific items and expressions 等。在搜索外国的期刊数据中,可以发现一般对应的"文化负载词"的翻译多为 culture-bound/specific。因此,这两个词在英语中是被接受的,其都是附带文化意义的词语,即"文化负载词"。

对于"文化负载词"的界定,学者们提出了一些观点。

哈特曼(Hartman)指出,文化负载词是与某语言社会的生活方式有着密切关系的词汇、短语。①

蒙娜·贝克(Baker)认为,文化专有概念是对目的语文化中完全未知概念的一种表达,或者是抽象的,或者是具体的,其涉及社会习俗乃至一种事物。②

胡文仲在他的《跨文化交际概论》中指出,文化负载词即特定文化范畴内的词语,其直接或间接地反映民族文化。③

包惠南、包昂认为,文化负载词又可以称为"词汇空缺",即源语词汇所承载的文化信息在译语中找不到对应词汇。④

廖七一认为,文化负载词是对某种文化可以标志的特有事物的词组或习语。⑤

王德春认为,所谓文化负载词,即与我国的经济、文化、历史等相关的,具有民族文化特色的词语,即国俗语义层面的词语。⑥

李开荣认为,文化负载词主要指代的是那些为一定民族文化特有的、蕴含特殊文化信息的词。这类词反映出两种语言符号及两种文化之间的不对等情况,表现为源语词语与译语词之间存在错位、部分对等或者无等值物的情况。⑦

---

① Hartman R.R.K. et al. *Dictionary of Lexicography* [M]. Beijing: Foreign Language Teaching and Research Press,2000:33.
② Baker M. *In Other Words:A Coursebook on Translation*[M]. London and New York:Routledge,1992:21.
③ 胡文仲. 跨文化交际学概论[M]. 北京:外语教学与研究出版,1999:64.
④ 包惠南,包昂. 中国文化与汉英翻译[M]. 北京:外语出版社,2004:10.
⑤ 廖七一. 当代西方翻译理论探索[M]. 南京:译林出版社,2004:232.
⑥ 王德春. 汉语国俗词典[M]. 南京:河海大学出版社,1990:8.
⑦ 李开荣. 文化认知与汉英文化专有词目等值释义[J]. 南京大学学报,2002,(6):150-154.

胡开宝认为,文化负载词又可以称为"文化限定词""文化局限词",即受特定国家、特定民族的文化限制,如生活方式、风俗习惯、历史等而形成的词汇。这些词汇的形成与运用都与该特定国家、特定民族的文化有着紧密的关系,其是特定民族文化信息的承载,是特色文化意象的反映。[①]

不难看出,文化负载词是特定文化意义的反映,是从属于某种文化范畴的词汇。文化负载词的翻译本质是词汇文化意义的翻译,包含显性意义与隐性意义。

从上述的定义中也可以总结出文化负载词的特征。

(1)专有性,即为某一民族特有。

(2)陌生性,即是其他民族不熟悉、不知道的。

(3)不对等性,即无法在目的语中找到等值词语替代。

二、文化负载词的分类

英汉两种语言有着各自的表达习惯与传统,而文化负载词就是对特有国家、民族文化特色的传达,蕴含着深厚的文化底蕴。因此,根据文化的差异,可以将文化负载词划分为如下几种。

(1)生态文化负载词,即与特定地域的动植物、地形、地貌等相关的词汇。

(2)物质文化负载词,即与衣食住行等物质文化相关的词汇。

(3)语言文化负载词,即附带文化内涵与一定民族特色的词汇。

(4)社会文化负载词,即与礼仪、娱乐名称相关的词汇。

三、文化负载词翻译

(一)文化负载词翻译的必要性

一般来说,在当前社会背景下,文化负载词翻译存在着客观

---

① 胡开宝. 论异化与《新世纪汉英大词典》中文化限定词的翻译[J]. 外语教学,2006,(1):55-60.

必要性,具体表现为如下三点。

(1) 全球化现象的客观存在。当前,全球化进程加快,文化多样性也凸显出来,并成为当前世界的重大议题。不同文化之间相互渗透是文化接触的体现,其也使得文化特色的保持受到挑战。要想提升与巩固中国在世界上的地位,就必然需要实施文化走出去战略,因此文化负载词的翻译就显得非常重要,且首要任务就是保持文化特色。基于此,译者有必要树立文化自觉意识,将保持文化特色作为出发点与落脚点,对文化负载词的翻译问题予以重视。

(2) 文化负载词的词量非常丰富。语言是文化的反映,词汇承载着众多的文化因素。刘宓庆指出,语言中对文化反映最为丰富、最为直接的部分就是词汇。[①] 关于文化的定义有很多,涵盖经济、艺术等各个层面,且具有丰富的外延意义,那么其本身就涵盖了很多文化元素及相应的语言表达。不同类别的文化,具有与之对应的文化负载词,再加上外来词汇的引入,一种语言中的文化负载词就会逐渐增多。这么丰富的文化负载词也预示着其文化是博大精深的,也是非常重要的。

(3) 文化负载词翻译的文化意象缺失现象非常明显。在英汉翻译中,文化缺失现象是非常普遍的,且有很多例子,文化意象的缺失现象往往被忽视。著名学者谢天振提出了由"文化传统差异""作为喻体的意象差异"导致的两种文化意象错位,[②]这样的翻译很容易导致文化意象的缺失。文化意象的缺失往往与译者对自身文化的认知不足,以及采取的翻译策略不当等有关。因此,为了改善这一情况,译者应该对文化意象加以保留,寻找出最为恰当的翻译策略。

(二) 文化负载词翻译的常见问题

在文化负载词翻译中,有两个问题是最为常见的。

---

① 刘宓庆. 文化翻译论纲[M]. 武汉:湖北教育出版社,1999:109.
② 谢天振. 译介学[M]. 上海:上海外语教育出版社,1999:184.

（1）文化负载词翻译中的不对等性。如前所述，文化负载词代表的是特定的文化，且这些词汇与该文化背景有着密切的关系，其是一些观点、一些概念的传达，是文化特质的呈现。但是，这些词汇很难在目的语中找到与之对等的词汇或概念，如"状元""探花"等这些词汇是中国特有的词汇，在英语中很难找到对应的表达。对于这类词汇的翻译就必然需要借助特殊的技巧。

（2）文化内涵的缺失。很多文化负载词有着丰富的内涵意义，这些负载词指代的是该文化特有的一些物质名词，且很难让目的语读者理解。如果仅仅靠表面意义的传达，是很难传达出其内涵意义的，目的语读者也会感到非常困惑。例如，端午节吃的粽子这种食品，有人将其翻译为"糯米馅儿的饺子"，这样的翻译显然是不准确的，很难表达其深刻的内涵意义。

第二节 阐释学视角下文化负载词的翻译研究

阐释学，又可以称为"解释学""诠释学"等，是一种探求解释与理解的学科。而阐释学翻译就是将翻译视作语言的生命，且在其中贯穿解释。文化负载词本身是一个带有语言文化特征的词语，用阐释法对其进行解读是为了更好地解释翻译的核心问题。本节就基于这一视角对其进行分析和探讨。

一、阐释学简述

（一）何为阐释学

阐释学属于哲学研究的一个分支。学者施莱尔马赫（Schleiermacher）为德国著名的阐释学哲学家，他在对《圣经》进行解释时观察到以下两个问题。（1）《圣经》随着历史的发展逐渐形成，其

第六章 文化负载词的翻译研究

篇章也是由不同的作者完成的,如果仅从语义学角度纯粹地展开解析,就会发现其中有些是矛盾的。(2)如果人们从内容的视角分析,会发现其与语言分析的结果是不同的。因此,这就会导致"误解"的产生。而产生不同理解的原因就在于人们的历史体验不同。基于此,施莱尔马赫不仅非常重视释义操作法,也非常看重理解的哲学分析,他明确指出理解是一切形式的诠释与解释的基础,这是阐释学诞生的雏形。[①]

之后,施莱尔马赫还提出解释者的个人素质、自身的心智特征等都会对翻译的准确性产生影响。从方法论的角度而言,如果要想保证理解的准确度,解释者必然需要突破文本在重建意义层面所存在的历史情境与环境,从而消除误解。当然,哪里存在误解,哪里就会产生消除的办法,而阐释学理所当然地成为最恰当的方法。[②] 这是因为误解产生的根源在于语言与思想之间存在的差别。语言是思想的传达手段,但是语言本身并不等同于思想。因此,要想了解原作者的意图,就必须去挖掘其精神世界,这样便于译者从原作者的初始角度与立场出发来解读原文与完成翻译。

德国著名哲学家海德格尔(Heidegger)对于解释的理解是非常独特的,他将解释理解为人的理性的存在形式,而阐释学就是解释的施行。[③] 海德格尔注重从原始意义出发对阐释学进行分析与研究,而其中的解释就是对事先理解的东西进一步展开并转换成另外一种语言。当然,这里的解释需要根据对存在的理解来考虑,即基于现在的状况。

学者伽达默尔(Hans-Georg Gadamer)对海德格尔的理论进行延伸与发展,将海德格尔关于解释的概念进一步扩大为"存在",即将阐释学视作哲学本体论,将阐释学现象视作人类的世界经验。在伽达默尔眼中,解释是普遍的,而阐释学的核心理应是解释,应该确立其核心地位。同时,名副其实的阐释学必须将解

---

① 转引自潘德荣,齐学栋.诠释学的源与流[J].学习与探索,1995,(1):61-68.
② 转引自段宗社.解释学浅析[J].陕西师范大学继续教育学报,2003,(12):56-57.
③ 夏宁.论阐释学的翻译观[J].语言与翻译,2007,(3):57.

释本身的历史呈现出来,这就是所谓的"效果历史"。① 因此,如果阐释者将自身置于历史视角,其并不是进入了与他们毫无关系的对方视界,而是处于更大的一种视界中,这就是所谓的"视界融合"。解释就是基于效果历史而不断形成的视界融合。当然,解释的目的并不是对作者意图与源语文本的重建,而是在循环中逐渐构建新的视界融合。

(二)阐释学翻译观

从古至今,无论阐释学如何变化,都是围绕语言这一视角展开的,即阐释学始终侧重语言文本及其理解。到了海德格尔时期,语言被认为是一种存在,因此人们无法离开语言使用与文字记载的意义。通过语言,人们能够逐渐获取一种被理解的真实世界,而不是让世界随着语言的无限循环而逐渐消失。

另外,阐释学的问题还涉及在阐释学领域中语言所扮演的重要角色和占据的中心地位。理解的语言性是效果历史意识的具体化,理解的历史性完全需要在语言中体现出来。在阐释学视角下,所有的理解都应该属于语言学,且完全属于语言学。而伽达默尔用"一切翻译已经是阐释"的观点,就翻译与解释的关系进行了分析,即翻译始终是解释的过程。也可以说,其实翻译的过程就等同于解释,是译者通过分析源语信息,并对这些信息加以阐释的过程。

以文学文本来说,由于其语言往往是模糊的、不确定的,原作者的视域与阐释者的视域间往往存在着较大的时间距离。当译者在达成新的理解、对新的文本进行创作的过程中,必然需要与原作文本展开对话,提出一些问题,并采取一些相应的手段来进行解释。在展开对话的过程中,译者需要将自身的偏见与固执摒弃,对对方所说的话进行认真的倾听,从而实现对信息的理解与交融。在这样一种开放的问答结构中,译者与文本就同一个主

---

① 转引自张德让. 伽达默尔哲学解释学与翻译研究[J]. 中国翻译,2001,(7):23-25.

题——文本的含义达成了共识,从而达成相互理解。

不难发现,译者在翻译中扮演了阐释者的角色。但是不得不说,由于译者所处的外界环境、自身所具有的知识、翻译的目的等不同,不同译者对于同一文本也会存在不同的阐释。因此,当今世界上有一本多译的现象,其主要原因就在于不同译者的主客观意识存在明显的差异,对原作的阐释也必然不同。

二、从阐释学视角审视文化负载词翻译

对于翻译标准与技巧的取舍,现如今的人们多是建立于源语文本与译语文本意义与形式层面,即我们所谓的直译与意译、归化与异化。但是,人们很少从阐释学视角出发,对翻译标准与技巧进行反思与转化。根据阐释学的观点,译者对源语文本的理解是具有历史性特点的,对源语文本的解读也必然由于译者的不同而存在某些偏见。文化负载词的翻译被认为是动态的、开放性的翻译,这样的翻译标准的设定首先需要对源语文本的理解与解释,这在前面阐释学翻译观中已经做了重点分析和探讨。因此,这里主要从阐释学视角入手,探讨文化负载词的翻译技巧。

在阐释学看来,文化负载词的翻译活动主要可以从如下四项着眼。

(一)信赖——信赖文化负载词的翻译价值并具有可译性

所谓信赖,即首先要求译者应该具备这样一个视野:可以掌握与源语文本相关的所有信息,如原作者、写作时期等信息。当译者遇到某一文本的时候,无论是否是主动的,文本都进入了译者的视野。如果译者能够明白文本并相信文本,那么就说明译者已经产生了依赖,也说明译者能够从中获得感受。之后,译者就可以进入翻译工作中。

因此,从某种意义上讲,信赖即对原作的一种信任。但是,这种信任是最初的阶段,当译者对原作文本逐渐认识之后,就可能

面对来自源语文本的抵抗,这也给翻译造成了很大的困难,这就会进入第二步——入侵。

但是,这里主要从信赖来说,要求译者无论翻译任何文本,都应该信任该文本传达的信息,且相信该文本信息具有一定的意义,有着一定的翻译价值与可译性。

关于文化负载词,有些人认为等同于"词汇空缺",这里不说其界定是否准确,至少说明其凸显了文化负载词的民族特征,是民族特定信息的传达,具有特定的价值与意义。因此,译者应该相信不同文化的共通性,且文化负载词可译。

（二）入侵——挖掘文化负载词的真正内涵

说到"入侵",很多人可能认为它是一种"暴力"的代名词,但是从海德格尔的观点来看,如果译者将存在的意义转换成理解的意义,那么不可避免会造成暴力入侵。这是因为,由于不同文化存在明显的差异,这给译者设置了多个关卡,译者只有冲破这些关卡,才能翻译出更准确的符合译语读者需要的东西。例如：

阴阳 Yinyang

气 Qi

天葵 Tiankui

上官吕氏把簸箕里面的尘土倒在揭了席、卷了草的土炕上。

Shangguan Lv emptied her dustpan onto the exposed surface of the Kang.

在上例中,"炕"是中国东北的一种文化特色,因此在翻译时考虑到译文读者的接受能力,直接翻译为"Kang"。

（三）吸收——寻找文化负载词对应的英语表达

入侵的目的在于译者从源语文本中抢夺东西,并经过分析与吸收,贴上译者的标签,最后译者就能够凭借理解来加以使用,这就是吸收。也就是说,当弄清楚了源语文本的文化含义之后,就需要为其寻找相对应的英语表达。例如：

在三九天最冷的日子,大雪弥漫,堵塞了门户,院子里的树枝被积雪压断。

During the coldest days, heavy snowfalls sealed us inside, while outside, tree branches snapped under the wet accumulation.

上例中,源语中的"三九"指的是一天中最冷的时候,但是这是源语特有的词汇,译语读者并不了解。因此,译者在翻译时采用了活译手法,灵活进行对应,便于读者理解与接受。

(四)补偿——寻求并达到源语与译语间的平衡

当经过了入侵、吸收之后,译者不可能对源语文本进行原本的复制,因为很多时候由于抢夺东西不足、组装变形等问题,难以保持与源语文本的平衡。因此,为了达到平衡,有时候需要进行补偿,这样译者不仅将源语的潜力进行再现,还能够获取源语文本未明确表现出来的意义与价值。以上述的"阴阳"为例,如果直接翻译为 Yinyang,很难让对方理解,因此可以这样进行补偿。

阴阳 Yinyang (referring to two opposite aspects of interrelated things or phenomena in the natural world; Sun and Moon, masculine and feminine, negative and positive, etc.)

当然,由于这些文化负载词已经流传至今,很多译语读者已经熟知了,很多时候有些补偿的信息是可以省略的。但是对于一些陌生的、不太熟悉的或是新出现的,仍旧需要进行补偿。

第三节 生态翻译学视角下文化负载词的翻译研究

生态翻译学是基于全球化生态理论的视角,从宏观层面对翻译学展开的研究与探讨,其将达尔文"适者生存"的理论运用于翻译实践之中,认为译者在开展翻译时,应该对翻译生态环境进行适应,并对译文进行有效选择。而在翻译时,译者往往会遇到文化负载词的翻译困难,因此从生态翻译学视角对其研究也符合社会的发展趋势,同时为翻译找到一个新视角。

一、生态翻译学简述

(一)生态翻译学的产生背景

1. 全球视野的生态思潮

任何理念的提出都有其深刻的背景,当然生态翻译学也不例外,生态翻译学的诞生与其社会发展有着密切的关系。

首先,生态翻译学是社会转型在译学研究领域的一项重要反应。由于人类社会开始从工业文明转向生态文明,一些关于生态研究的著作纷纷问世,并引起了高度的重视。同样,我国在20世纪70年代也开始对环境问题予以重视,之后科学发展观的提出正符合这一理念。在这样的时代背景下,对生态的关注并将其引入翻译学研究之中是与社会发展相符合的。

其次,生态思潮是现代思想与哲学相结合的结果。自20世纪以来,在思想领域与哲学领域都发生了向生态整体转型的主体间性思想。1995年,"生态存在"著名论断的提出也标志着生态存在论哲学问世。

上述这些论调都说明当代哲学面临的是从认识论转向存在论、由人类中心转向生态整体的趋势,这大大拓展了翻译生态研究的思路与视野,也推动着生态翻译学的诞生与发展。

2. 生态术语的翻译研究

随着全球性生态理论的广泛热议,国际翻译界也从生态视角出发,将翻译与"适应""生存""环境""生态"等内容相关联,相关的研究也逐渐增多。

1988年,著名学者彼得·纽马克(Peter Newmark)将翻译过程中的文化介入划分为五种,其中"生态学"翻译特征占据重要地位。

1999年,著名学者戴维·卡坦(David Katan)进一步明确地细化了翻译生态文化的分类,认为在翻译过程中的"环境"应该包含政治环境、物理环境、空间环境、气候环境等,还应该涉及食品、服饰、嗅觉等。①

米歇尔·克罗尼恩(Michael Cronin)在《翻译与全球化》(*Translation and Globalization*)一书中也指出,要对"翻译的生态"问题予以关注,认为不同语种间的翻译应该要保证"健康平衡"。②

乔治·斯坦纳(George Steiner)曾将翻译理论分成两大理论,一种为"普适"理论,另外一种为"局部"理论,并认为这一分法与人类的两种基本处理方式相类似,即整体环境适应与局部环境适应。③

在我国,从生态视角研究翻译学的著述并不是很多。但是近些年,也有很多关于"翻译生态"的研究,主要探讨的是翻译理论、翻译质量等问题。例如,中国三峡出版社出版的《翻译生态学》一书虽然罗列了很多生态学研究内容,但是作者本人也将"翻译生态学"纳入生态学的分支研究之中。

综合上述可以看出,虽然关于生态翻译的研究还处于初级阶段,并未深入进行,但是这也为生态翻译学指明了道路,为以后的研究奠定了基础。

(二)生态翻译学的研究对象

1. 翻译生态("译境")

翻译生态与翻译环境的存在主要是以一个整体的形态呈

---

① Katan, David. *Translating Cultures* [M]. Manchester: St. Jerome Publishing, 1999: 45-52.
② Phillipson, Robert. Book Review[J]. *Language Policy*, 2006, (5): 231.
③ Lance, H. & M. Jacky. *Redefining Translation: The Variational Approach* [M]. London and New York: Routledge, 1991: 34.

现的。在特定的生态环境下,译者起着特定的作用,并且会受到其他翻译主体的影响和制约。译文需要与译入语文化规约相符。

翻译生态环境对任何翻译主体都是一个统一体,且只能顺应而不能逾越。如果对翻译生态环境秩序进行人为的破坏,如对个人利益与小集团利益的片面追求等,那么就会与翻译理论相违背,甚至破坏翻译生态环境的整体要求。

2. 文本生态("译本")

所谓文本生态,即文本的生态环境与文本的生命状态。从生态翻译学的角度来说,源语与译语是两个文本生态系统。其中,源语文本生态系统包含源语中的文化生态、语言生态、交际生态等内容;译语文本生态系统包含译语中的文化生态、语言生态、交际生态等内容。

文化生态、语言生态、交际生态有大小的区分。从文化生态来说,大的指优势文化、弱势文化等层面,小的指国际交往、区域交往等层面。从语言生态来说,大的指大语种、小语种等层面,小的指翻译内部各要素层面。从交际生态来说,大的指国际间交往、区域间交流层面,小的指翻译文本内交际意图、交际行为层面。

生态翻译学将"文本生态"作为研究对象,探讨了源语文本生态系统与译语文本生态系统的异同点,也考察了二者在移植、转换层面的机制与规律,对译语文本的生存状态进行了研究,从而为解读文本提供了新的生态视角与新的价值。

3. "翻译群落"生态("译者")

所谓"翻译群落",指的是与特定翻译活动的起源、发展、结果、效果等相互联系、相互影响的"诸者"集合体。而这个"诸者"往往指代人,如原作作者、译语读者、评论者、审查员等。当然,在这之中,译者是代表。

以译者为代表的"翻译群落"在教育背景、思维方式、审美观念等层面存在差异,再加上翻译文本类型、接受文化程度、读者需求等层面的差异,导致"翻译群落"主体不同的适应选择性。因此,这些主体需要不断对自己进行调整,与其进行平等对话,从而适应翻译生态环境。

另外,翻译的各个生态系统间需要相互适应,只有相互适应,才能实现互动。将以译者为代表的"翻译群落"作为整体进行观照,这是翻译生态系统具有的关联性、整体性决定的,也体现了生态翻译学对人的重视。

对于生态翻译学研究而言,只有译者能统筹译境、译本、译者三者的关系,才能通过实现自身责任来实现三者的互动,进而达到平衡和谐。

(三)生态翻译学的理论基础

1. 生态整体主义

生态整体主义的核心不是将人类的利益置于最高价值,而在于将生态系统的整体利益置于最高价值。是否有助于对生态系统的稳定、完整、和谐等加以维持和保护,这是衡量一切事物的根本尺度以及评定科技进步、人类生活方式的终极标准。

由于生态学是以整体主义作为基础的一门科学,其研究方法强调相互作用与关联。同时,生态学的整体观也是当代生态理论的核心,因此无论是将生态翻译学理解为生态视角的翻译研究,还是理解为生态学途径的翻译研究,这个生态整体主义都是其指导思想与理论基础,都对生态翻译学研究有着重要的意义。

生态翻译学认为,翻译是一个整体、和谐的系统,且系统内各个成分之间的相互作用也必然使系统构成一个统一整体。这一统一整体的功能并不是各部分功能的简单相加,而是大于各部分功能之和。所谓"牵一发,动全身",生态行为的产生会受整体因素的影响和制约,这也体现了生态翻译研究的整体效应。

翻译生态系统涉及交际、社会等多层面,呈现一定的时空变化,又具有开放性与自动调控功能。因此,我们可以参照生态系统的界定来将其定义为:在一定的时空内,语言间、翻译要素与交际、社会等非翻译要素间,通过多重能量流动与物质循环,而构成的相互依存、相互影响的翻译学功能单位。

上述定义是从广义层面来说的,如果从狭义层面说,可以将翻译生态系统定义为:翻译环境研究中的外部控制与语言内部控制的融合与协调。当然,这一狭义的定义可以扩大,即将其视作一个更为宽广的范畴,其与翻译发生关联的活动都可以被认为是翻译生态系统的一部分。

翻译史研究也表明,无论是译者个人或一个民族、一个历史时期的翻译标准的形成,还是译者翻译策略、翻译材料的选择等翻译思想传统的形成;无论是某一特定时期翻译政策的制订、翻译的整体特征的呈现,还是翻译研究所发挥的历史意义等,都不是孤立的,都需要纳入翻译生态环境研究,以整体审视与综观翻译生态研究。

综上所述,从生态视角审视翻译研究对于"整体综合"思想是极其推崇的,其整体的着眼点就在于翻译生态系统以及系统内部的整体性问题。这种思想观不仅有助于研究翻译整体系统中各个要素的整体共进关系,使翻译生态系统呈现整体和谐生态美,还有助于对翻译理论研究产生影响,即不同的翻译理论在形成与发展中相互适应、相互影响、相互借鉴,实现古今中外的综合与比较,最终走向真正的整体。

2. 东方生态智慧

这里的"东方"主要指的是中国,以华夏生态智慧作为核心。之所以中国翻译学者对生态翻译学观念极其推崇,主要是由于中国具有可借鉴的古代生态智慧。

第六章 文化负载词的翻译研究

中国文化的开端主要是以生命为着眼点,对生命的感悟可以被认为是华夏文化思想的核心,这其中必然包含"生存""生态"等体悟思想。因此,中国传统文化中的古代生态智慧成为生态翻译学研究的一项重要理论基础。这些生态智慧主要有"天人合一""以人为本""中庸之道"等。

"天人合一"思想属于古典哲学的观点,其思想侧重于和谐。所谓的和谐,即实现"天、人、心"的和谐,是主体与客体关系的和谐。"天人合一"思想融入生态翻译学中,首先表现在追求译者与翻译生态的和谐。因为在翻译过程中,人们往往习惯于追求译者与翻译生态的和谐,使译者努力与翻译生态环境相适应,使翻译与翻译生态的动态变化规律相符合,以此实现原作与译作、原文作者与译文作者、原文读者与译文读者等层面的适应与选择的平衡。为了达到译者与翻译生态环境的和谐,译者往往需要采用多种翻译技巧与策略,将人的创造力发挥出来,做出合适的选择与适应,使得译者个人的身心与翻译生态环境相融合。因此,对于翻译而言,无论是"案本、求信"还是"神似、化境",无论是"意美、形美、音美"还是"准确、通顺、快捷",译者所追寻的就是翻译生态系统中各个要素的和谐与统一,实现真正的"天人合一"的艺术境界。

"以人为本"属于中国政治文化思想。人存在于天地之间,在天地之间生活,是整个物质世界的一个重要部分。换句话说,人与自然环境构成一个整体。因此,如果自然环境发生改变,人也必然会随之发生改变。华夏文明中的儒家文化强调要从整体功能上保证人与人之间、人与自然之间的和谐。由于翻译理论的根本问题在于如何定义与描述译者在翻译中的角色问题,译者问题就是翻译研究的永恒话题,加之生态翻译研究的对象就是译者与翻译生态环境的相互关系问题,因此译者就必然会成为生态翻译学研究的中心议题。在翻译研究中,"以人为本"的思想体现为"以译者作为主导"的理念,而且主张翻译过程就应该将译者作为中心,译者是翻译过程是否成功的一项根本要素。

"中庸之道"属于华夏儒家道德规范,其中的"平衡之道"是对决策加以优化的一项重要方法论。无论是将其用在翻译操作过程中,还是用在翻译理论研究中,都非常得当与适宜。实际上,翻译中过分强调选择直译还是意译,选择异化还是归化,选择过度诠释还是欠额翻译等都是不可取的,因为翻译强调折中理念,不可走向某一个极端。

中国传统文化价值具有先天的综合观、整体观、和谐观。它认为,每一个生命、每一个人都处于巨大的生物链中,同样每个族群甚至整个人类的行为都在这一生物链条中互动。人类的任何行为都会产生后果,这一后果不仅对个体产生影响,还会对周围的一切产生影响。这些影响可能是直接影响,也可能是间接影响,或者还可能是暂时影响。对宇宙的观点:宇宙是巨大的,是一个生生不已的大流,但不是一个封闭的系统,而是一个交融的、开放的、有机联系的整体。宇宙不是静止的、孤立的,而是生生不息的。可见,中国传统文化中的价值就在于整体性思维,其强调变化与变化的规律性。这一思想对于翻译生态系统研究非常有意义。

上述这些思想都推动与孕育了生态翻译学思想,这些思想也引起了很多国内外学者的重视。当然,这些思想也是中国翻译界进行生态翻译学研究的重要支点。

3."适应/选择"理论

达尔文的"适应选择"学说,经过隐喻与转意,形成了"适应/选择"翻译理论。

基于这一理论,胡庚申先生曾经将翻译做了这样一个界定,即将译者作为主导,将文本作为依托,将跨文化信息转换作为宗旨的活动,且认为翻译是与翻译生态环境相适应的、对文本进行选择与移植的活动。基于这一观点,可以将"适应/选择"翻译理论描述为图6-1。

第六章 文化负载词的翻译研究

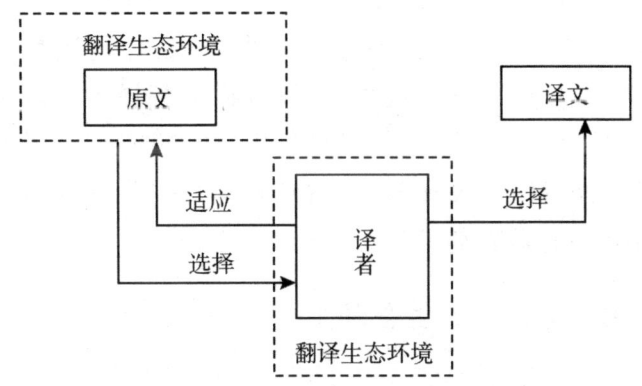

图 6-1 译者"适应/选择"的翻译过程

(资料来源:胡庚申,2013)

在图 6-1 中,原文与译者间的虚线框表达的是翻译生态环境。粗略上来看,这一翻译过程示意图传达了以下信息:翻译过程是译者对原作的典型事件的翻译生态环境的适应,并以译者为中心对这一事件展开选择,当然在这一过程中译者处于中心主导地位。

翻译过程中的选择性适应和适应性选择的具体特征可以表述为两点。

(1)适应,即译者与翻译生态环境之间的适应。

(2)选择,即译者以翻译生态环境的身份,对译文进行选择。

因此,翻译的过程可以被理解为译者适应与选择的交替循环过程。

翻译适应/选择理论对翻译过程的理解分为两个阶段。

(1)以原文为典型要件的翻译生态环境对译者的选择,虚框下面指向译者的箭头为细线,这表明其是以原文作为典型要件的翻译生态环境,对译者进行的选择,也是为了对上述粗线进行的衬托,以突显这一操作阶段。

(2)译者在接受与了解翻译生态环境之后进行的选择。这是翻译适应/选择论对翻译过程做的解释,即从第一阶段到第二阶段的转换过程,即"天择"到"人择"的转换。

人们常说，言语就是选择，写作就是选择，生活就是选择。翻译界也常说，翻译是一种选择过程。但是，这种种选择背后的机制是什么？为什么说翻译过程是"译者适应翻译生态环境对文本进行移植的选择活动"？我们现在运用"适应选择"学说的基本原理，可以说已经将从"天择"到"人择"和从"人择"到"天择"转换互动的机理基本上弄清楚了。

（四）生态翻译学的生态理性

1. 注重整体/关联

生态学对于整体、关联是非常强调的，即重视个体对整体的依赖性。也就是说，整体中的所有部分都与整体相互作用、相互依赖，这对于生态共同体也是如此。生态共同体的每一个环境、每一部分都与生态系统处于动态关联中。处于任何小环境的有机体都会对整个由生命和非生命环境组成的网产生影响，并也会受其影响和制约。

系统的各个组成成分之间是相互作用、相互关联的，这使得系统成为一个统一的相互关联的整体，并且这一整体呈现的功能并不等于各个功能的简单相加，而是大于其功能之和。

生态系统内的各个成分是互动的关系，如果任何一个成分发生变动，那么其他成分也会随之发生变动，这就是我们前面所说的"牵一发而动全身"。

自然系统是这样的，当然翻译生态系统也是这样的。翻译生态系统内部的各个相关利益者也是相互关联、互动的。这就使得翻译生态系统构成了一个非常复杂的统一体。因此，对翻译生态系统进行研究时，不能仅仅局限于某一生态子系统，而应该关乎每一个生态利益者。从生态理性视角来说，就是要求观照生态系统内部的整体性与关联性。例如，在对生态翻译学的体系架构进行讨论时，需要考虑翻译管理生态系统与市场生态系统整体性之间的互动性与关联性，还要考虑翻译教育生态系统与翻译本体生态系统之间的关系等。这样的考虑是由生态理性决定的。

2. 讲求动态/平衡

在自然界中,生物之间、生物与生存环境之间,通过相互影响、相互组成,构成一定的平衡。这主要体现在两个层面。

(1)外界环境条件不同,生理活动、生物形态、遗传特性也会表现出明显的差异。

(2)为了能够适应不同的环境条件,生物必须对自己进行不断的调整。

当生态系统中的关联成分相对稳定时,物质、能量的输出与输入也会呈现平衡状态,这样生态系统也就保持了稳定与平衡。也就是说,生态系统处于稳定、平衡时,种族数量、结构等也会保持平衡,不会发生明显的变化,同时物质能量流动、循环等也会相对平衡。当生态系统发生改变时,其自身会进行调节,从而保持平衡性。如果生态系统达到了平衡,那么也就实现了稳定。这种生态系统的生物量巨大,生产力也必然相对较高,因此自我调节能力也会相应提升。同时,生态系统内部是比较复杂的,这也提升了自我生存能力与调节能力。

翻译生态系统是非常复杂的,且由于翻译生态与自然生态有着某些相似性、关联性,因此自然生态中的平衡特征也体现了翻译生态系统的平衡性。翻译活动主体与客体之间以及翻译活动主体与生态环境之间,彼此相互影响与作用,进而形成翻译生态平衡系统。

3. 倡导多样统一

多样统一体现了人类生活与自然界之间的对立统一规律。整个宇宙是一个多样统一的和谐整体。多样性体现了各个事物之间存在差异;统一性体现了各个事物之间也存在某些共性与关联。

多样统一使得生态系统不仅包含了多元的变化,也包含了均衡、对称、韵律等特征,这是生态审美的原则之一。

"多样统一"的生态理念,不仅对微观文本操作具有指导意义,而且对中观理论体系的建设也具有启发意义,就是对宏观译学架构设计的统领也不可替代。

(五)生态翻译学的伦理原则

1."平衡和谐"原则

所谓"平衡和谐",是指综合因素之间实现整体的平衡与和谐,其不仅包括翻译生态、文本生态、翻译群落三者的平衡与和谐;还包含跨语言、跨文化、内外因素的平衡与整合。

就文本生态平衡而言,其包含文化生态平衡、文本语言生态平衡、交际生态平衡等。仅就文本语言生态平衡来说,译者需要保持源语与译语的词义、句义平衡,同时要保证译语符合源语的"传神"性,从而实现译语在美学价值与实用价值上与源语的平衡。

从翻译实践验证的角度看,但凡公认的、较有影响的译品,其"双语"(源语和译语)生态的平衡也都处理得相对较好。

从过往"对等"理论的角度看,迄今为止的各种翻译理论中,关于"对等""对应""对称""平等"等,已早有研究,有些也已达成共识。这些不同的称谓,从"双语"的语言形式、意义功能、文本信息、知识总量、交际意图,以及"诸者"关系等不同方面入手描述翻译的实质和结果,说到底,也还是"双语"在这些方面追求总量"平衡"的问题。

就翻译研究本身的需要来说,可以从两点考量。

(1)从生态翻译学研究来说,"平衡"是任何生态系统的共性特征,因此也是生态翻译学的一大特征。而翻译生态环境对翻译文本也有着不可磨灭的作用。如果没有翻译生态环境,那么翻译是很难成功的。因此,译者需要在翻译时保证翻译生态整体的平衡,如果打破了这一平衡,那么生态翻译学很难健康向前发展。

(2)就翻译生态内部来说,翻译生态平衡还表现为翻译生态系统各个要素之间的宽容与妥协,这些要素包含作者、读者、原作、译作等。译者需要跨越时空的限制,克服各种障碍,与原作作者进行平等的对话,而接受现代读者的实际需求,在作者与读者之间构建一个平衡点,实现作者、译者、读者三者的共鸣。

2."多元共生"原则

"多元共生"原则主要指译论研究的多元和不同译本的共生。

根据生态学原理,共生性是生物存在的一种基本状态,即生物与生物之间相互共存与发展。生物多样性与共生性这两个特性也体现了各种事物的差异性与共生共存性。同样,以生态整体论与生态理性作为指导的生态翻译学,也倡导翻译理论多元化,不同译本要求共生共存。翻译理论研究的多元化与不同译本的共生共存也成为翻译学发展的常态。同时,多元的翻译理论和不同的翻译文本在翻译生态环境中会遵循"适者生存""优胜劣汰"的自然法则,不断进化发展。

(1)译论研究属于学术研究的范畴,而学术研究就必然存在同与异。中国自古就有"君子以同为异"的古训,因此译论研究侧重于多元性,不仅与翻译理论研究的现实相符,还与华夏学术伦理传统相符。可见,译论研究的多元性是对翻译理论研究者的构建权的尊重。

(2)文本生态、翻译生态、"翻译群落"生态的生态环境是不断变化的,呈现了动态性。为了保证三者的协调与平衡,翻译活动中不同翻译文本的共生共存也是自然现象,是翻译行为的一种常态。

在这方面,不同翻译文本共生共存的生态翻译伦理原则恰好印证了这样一个事实:"适者生存""汰弱留强"的自然法则在人文研究领域里与在自然界里的情形是不完全相同的。具体情形是:自然界里的物种(动物和植物)适应自然环境、接受"自然选择"的"淘汰"是绝对的,是生物物种意义上的"绝迹""消失""灭绝",如恐龙的灭绝、南极狼的绝迹、种子蕨的消失等;然而翻译界里译者/译品适应翻译生态环境、接受翻译生态环境选择的"淘汰"则是相对的,是人类行为意义上的"失意""落选""舍去""取代""未中""失落"等。也就是说,翻译活动中译者/译品的"适"或"不适"、"强"或"弱",都不是绝对的,而是相对的。同时,不同的译本、不同的译文由于适应了不同的翻译目的、不同的读者对象,因而有可能共生共存。这里的"汰弱留强"和"共生共存"都是符合生态学的基本原理的。

可以说,翻译文本的"共生"伦理,又体现了人们对不同译本共生共存"翻译权"的尊重。

二、从生态翻译学视角审视文化负载词翻译

文化负载词的翻译有时候会让译者非常棘手,却能够推动源语传统文化的传播,也有助于保护源语及源语文化,提升它们在世界语言文化生态系统中的地位,维护全球语言文化生态系统的整体平衡性。为了得到更好的译文,适应不同文化的差异性,可采用"三维转换法",从语言维度、文化维度、交际维度三大维度入手进行适应性的转换。对于英汉文化负载词的翻译,从语言维度来说,译者需要把握英汉语言表达的差异性,然后结合各自的表达习惯进行翻译,保证译语文本的可读性;从文化维度来说,译者要基于特定的文化内涵进行灵活的取舍,不仅要照顾好译语读者的接受能力,还要尽可能地传播源语文化;从交际维度来说,译者需要为译语读者着想,实现交流的目的。

(一)语言维度的适应性选择转换

语言维度的适应性选择转换,即译者在展开翻译时,应该对语言形式从不同层面进行适应性的选择转换。如前所述,每一种语言都有独特的民族特色,具有丰富的民族文化内涵,要想突破文化的障碍,实现顺利的沟通,就必然需要对民族语言的特点予以尊重。一名好的译者,他/她必然会随时调整翻译策略,将源语

信息用译语的独特结构加以表现。因此,在对文化负载词展开翻译时,译者需要对两种语言的特征加以准确把握,并对译文展开调整,可以采用音译法或转化法等,以与译语读者的语言习惯相适应,加强译语读者对源语文本的理解。例如:

狗不理 go believe

"狗不理"是中国天津市的一种传统美食,其对于国外食客来说,如果翻译成"Goubuli",很难让其接受,且他们对于这一拼音体系也是不熟悉的。译文采用了音译法,在发音上与汉语相似,并且 believe 这一词汇在英语中也是固然存在的,读起来朗朗上口,这样"信任"的美味必然会给对方留下深刻的印象,激发国外食客的向往。

万岁万岁万万岁!

Long live the emperor!

汉语讲究反复重叠,凸显对仗工整,读起来也朗朗上口。但是相比之下,英语尽量避免重复,语言也更为简约,避免啰唆。因此,对于源语的重复,译者从英语的表达习惯出发进行翻译,可以让外国观众更容易理解。

(二)文化维度的适应性选择转换

文化维度的适应性选择转换,即要求译者在开展翻译时,应该具备文化意识,认识到翻译的本质是一个跨文化、跨语言的活动,因此需要译者克服文化差异的障碍,保证信息交流的顺利开展。众所周知,民族文化会在语言中逐渐渗透与深入,因此译者在翻译时必然需要处理一些文化因素,这就要求译者具备强烈的文化意识,不仅要充分了解翻译所涉及的两种语言文化,还要对这些文化差异予以准确的把握。同时,译者需要对读者所处的文化环境有所了解,包括他们的审美倾向与思维方式等,在两方间建构文化沟通桥梁。为了对文化差异加以适应,一般需要采用注释法、增补法、释义法等。

清明上河园 Park with up the River on Qingming Festival Views

这样的翻译显然不恰当,也容易被外国读者误解。在英语中,"up the river"是"坐监狱"的意思,是一个俚语。译者在翻译这一景点时,应该考虑两种文化之间的差异性,而不是生硬地用字面意思来翻译。另外,清明节是中国的传统节日,直译为Qingming显然也是不恰当的,因此将其改译如下:

Riverside Scene During the Qingming Festival (Qingming Festival also known as "Tomb-sweeping Day", falls on the 4th or 5th of April, it is time to remember the died.)

龙蛇混杂 snakes mixed up with dragons

上例中,"龙"代表有地位、才华横溢的人,与"蛇"是相对的,上述成语的含义是好坏混杂在一起。但是,由于中西文化差异的存在,对龙的理解也明显不同。在西方神话中,dragon代表的是一种怪物,这与中国"龙"的概念完全不一样,因此如果直接翻译容易造成西方人的误解,给人以恃强凌弱之感。故将上述成语改译如下:

snakes mixed up with dragons (the high and low were mixed together)

选秀 hold auditions

在中国古代,选秀是宫廷中皇帝挑选嫔妃的一种说法。这里的"秀"是秀女的意思,指的是八旗中年满13到16岁的女子,必须参加每三年一次的选秀活动。随着时间的推移,这一词语被赋予了新的意义,用在一些电视节目中挑选某一领域出类拔萃的人。而这里所说的选秀是参考一些古装电视剧,因此根据剧情将其翻译为"hold auditions"比较合适,既能够让那些不理解中国传统文化的外国观众了解剧情,还能宣扬中国古代的文化元素。

(三)交际维度的适应性选择转换

交际维度的适应性选择转换,即译者在开展翻译时,除了努力实现语言符号与文化符号之间的适应性转换,还应该考虑交际意图的适应性转换。也就是说,译者应该基于语言与文化适应性转换,对交际意图的适应性转换进行侧重。因此,译文中要避免出现生僻的词语,以便于将源语文本的内涵传达出来,实现交际的意图。文化负载词的交际适应性选择转换主要在电影说明书、国际性盛会、商务交际等领域有着明显的体现,采用的也多为缩略译、意译、转换译等方法。例如:

有眼不识泰山 have eyes but fail to see Mount Tai

在中国人眼中,"泰山"代表的是眼界高、雄伟壮大,这对于西方电影观众是很难理解的。为了使外国观众更好地理解其含义,应翻译如下:

fail to recognize one's eminence

福娃 Fuwa

"福娃"是2005年11月11日北京奥组委公布的吉祥物,当时的翻译为"Friendlies",但是引起了争议,后来改为"Fuwa",因为"Friendlies"与"福娃"并不搭调,从组成上看像是"Friend+lies",有指代"朋友说谎"的嫌疑,无法传达友谊的含义,这会给外国友人带来不好的印象。而直接翻译为"Fuwa",不仅能够保留中国文化,还能够传达象征意义,因此是比较恰当的翻译。

成为在华外商投资500强的新科状元 led the top 500 foreign investors in China

"状元"是中国的一种特有文化,指的是古代科举考试中的第一名,当前常用来指代不同领域中的第一名。对于状元,可以翻译为"number one scholar",但是如果放在上文中,并不是其所要传达的意思,很容易让读者误解。因此,在翻译时需要灵活应变,且"led"有领导、领先的意思,也就意味着是500强中的佼佼者、第一名。

当然,这三个维度上的选择并不是截然分开的,每一个维度下所选择的策略都是各有侧重的,具体在论述中也存在交叉的情况。译者应该考虑文体特点以及翻译的具体目的,对翻译策略进行选择,找准维度选择的侧重点,使译文具有更强的可读性,实现顺利的交流。

第四节　关联理论视角下文化负载词的翻译研究

1986年,法国著名的学者斯珀伯(Sperber)与威尔逊(Wilson)联合出版了《关联性:交际与认知》一书,其在认知语言学视角下提出了关联理论。关联理论对于语言功能的认知是非常注重的,认为交际与认知有着紧密的关联。与从其他角度研究交际不同,关联理论是从能力的角度对交际展开研究,认为在交际中起重要作用的是人们大脑中的信息处理机制。

关联理论是当代最具有影响力的语用学理论之一,并被运用到各个领域之中。很多关联理论研究者发现关联理论对翻译有着重要的解释力,且关联原则也是其他翻译理论的本原与标准。基于此,本节就从关联理论的视角探讨文化负载词的翻译,以丰富翻译的策略选择。

一、关联理论简述

(一)明示—推理交际

在传统的交际理论中,代码模式与推理模式是两个重要的模式,前者认为信息的编码、解码是实现交际的重要手段,发话人要将信息进行编码,听话人要对信息进行解码从而得出结论;后者认为任何交际话语都包含一定的意图,听话人接受信息之后,从话语的暗示中对发话人的意图加以推理。

在推理模式的基础上,斯珀伯与威尔逊做出了补充,他们将交际视作一种明示—推理过程,且二者对应发话人与听话人。通常来说,发话人的话语总是最大限度地提供关联信息,这就是从发话人的角度考虑的明示;在发话人发出明示行为后,听话人根据明示行为关联自身认知的相关语境假设,分析发话人明示行为中涉及的信息,从而推导出意图。

关联理论认为,人类能够展开交际的关键在于能够对他人的行为进行推理的大脑机制能力,人们倾向于对与他们有关联的事物加以关注,因此交际者做出的明示刺激应该最关联发话人,并能够引起发话人的注意。

交际者的每一个明示行为的背后都包含两种意图,一种是信息意图,一种是交际意图,前者是为了向听话人传达某一件事或者某几件事的意图;后者是为了向听话人传达信息的意图。简单来理解,前者就是话语的字面含义,与发话人的明示行为相关,为听话人提供推理;后者是话语的另一层含义,与听话人话语理解的推理相关。当双方的信息意图是互明的,或者实现了交际意图,那么才说明交际是成功的。

(二)关联、语境效果和处理努力

关联理论不是基于规则,也不是基于标准与准则,而是基于这样一个观点:"话语的内容、语境和各种暗含,使听话人对话语产生不同的理解;听话人不需要在任何场合下完全理解话语所表达的全部意义;他只需用一个单一的、普通的标准去理解话语;这个标准足以使听话人认定一种唯一可行的理解;这个理解就是关联性。"[①]

关联性与听话人的推理努力或认知努力有着密切的关系,也与听话人所取得的语境效果相关。[②] 因此,可以用推理所获得的语境效果,对话语是否存在关联加以判断。

一般来说,新信息与现有假设构成的语境效果主要包含三种,可以用图 6-2 表示出来。

---

① 何自然,冉永平. 关联理论——认知语用学基础[J]. 现代外语,1998,(3):95-109.
② Sperber, D. & D. Wilson. *Relevance: Communication and Cognition*[M]. Oxford: Blackwell,1986/1995:122.

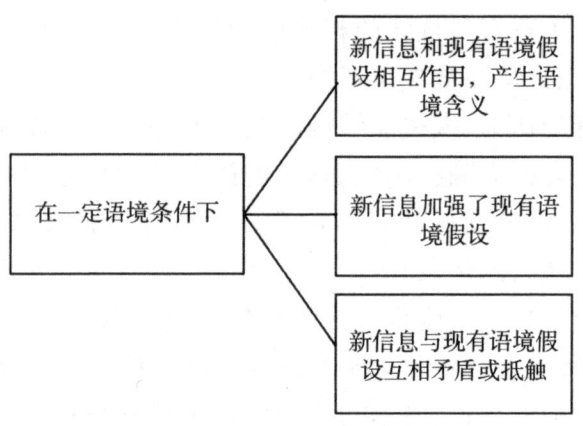

图 6-2　三种语境效果

（资料来源：白合慧子，2017）

根据关联理论，听话人为了寻找与自己的语境假设产生关联的信息，往往会对话语进行努力的理解与把握，并且努力获得语境效果。既然关联性就是语境效果与处理努力间的一种关系，因此可以用如下公式来表达：

$$关联性 R = 语境效果 Ce / 处理努力 E^{①}$$

可见，关联性中语境效果与处理努力之间的关系对其程度的强弱起着决定性的作用，这一命题是一个相对的命题，因为话语所提供的信息被认为具有关联性是指两者达到平衡的时候。下面用图 6-3 来表达关联性的定义。

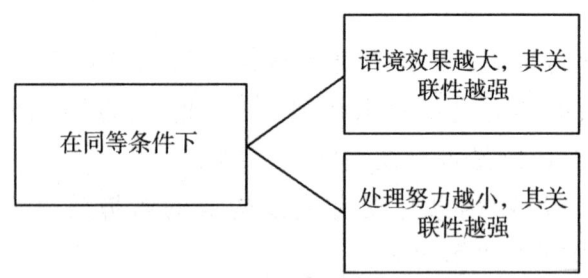

图 6-3　关联性

（资料来源：白合慧子，2017）

---

① 黄杨英. 关联翻译理论与幽默讽刺文本的翻译[D]. 上海：上海外国语大学，2009：7-36.

(三)关联原则、最大关联与最佳关联

如前所述,交际是一个以关联作为取向的明示—推理过程。在开展交际的过程中,为了实现交际意图,发话人的明示行为必然具有吸引力,或者可以通过关联性来吸引听话人的注意力,这样才能被听话人明白,实现顺利交际。而听话人往往会认为引起自身注意并值得自身处理的明示行为本身是必须具有关联性的。这就是"关联假设"。①交际就是希望发话人的话语与听话人的认知环境之间构建出一个最佳关联。因此,斯珀伯与威尔逊提出了最佳关联假设与关联原则,如图 6-4 与图 6-5 所示。

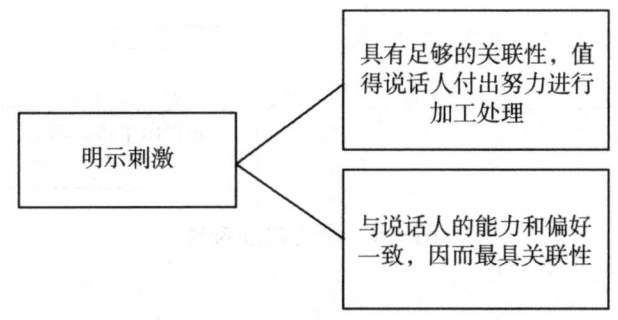

图 6-4　最佳关联假设

(资料来源:白合慧子,2017)

图 6-5　关联原则

(资料来源:白合慧子,2017)

---

① Sperber, D. & D. Wilson. *Relevance: Communication and Cognition* [M]. Oxford: Blackwell, 1986/1995:124.

在这里,关联理论对最大关联与最佳关联进行了区分。最大关联即听话人用最小的处理努力获得最大的语境效果;最佳关联即听话人在理解过程中通过付出有效努力获得充足的语境效果。从关联理论来说,人类的认知与最大关联是相契合的,而交际则是希望最佳关联的出现。

除此之外,要想获得话语的最佳关联,还需要满足如下条件,如图6-6所示。

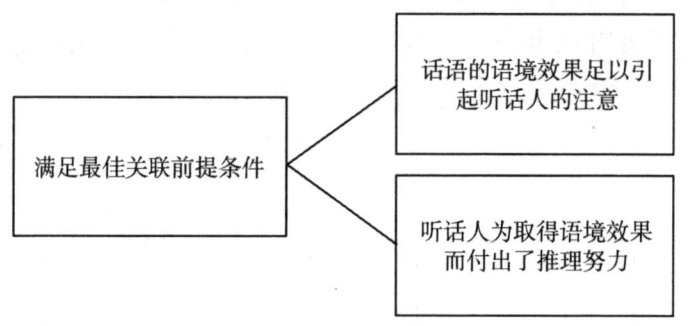

图6-6 最佳关联条件

(资料来源:白合慧子,2017)

在实际情况下,人们不可能总是寄希望于最大关联,使所听到的话不需要费多大力就可以理解,发话人或者无法用最恰当的方式将信息进行呈现,或者不愿意呈现,无法为听话人提供最大关联信息,因此听话人必须付出自己的努力,获得充足的语境效果。

根据第一条关联认知原则,人们会将注意力置于那些关联信息层面;根据第二条关联交际原则,发话人希望自己的话语具有最佳关联性。当话语具有了足够的关联,值得听话人进行加工处理,尤其是存在最大关联的时候,就具有最佳的关联。然后,听话人为了更好地理解,往往就会去追求最大、最好的语境效果。

二、从关联理论视角审视文化负载词翻译

关联理论中有"直接引语"与"间接引语",借用这一概念,翻

译可以视作一种语际交际,也具有两种策略,一种是直接翻译,一种是间接翻译。直接引语是与源语有相似的语言特征,因此直接翻译就是对源语文本的表达形式、行文风格的保留;间接引语是与源语具有相似的交际内容,因此间接翻译就是使译语文本与源语文本具有相似的认知效果,其强调的是释义的相似性与忠实性。

(一)直接翻译

为了向译者传达出源语的文化特色,译者在对文化负载词进行翻译时,往往会选择直接翻译,对源语的表达形式、行文风格等交际线索予以保留,让译语读者对其中的意图进行推敲。例如:

凡此十二官者,不得相失也。

对于"十二官",应该直译为"twelve officials",这样的翻译能够获得最佳的文化关联。同时,译语读者也能够轻松地推理出"officials"是前文所提到的用官职指代十二个脏腑,并联想到十二脏腑的功能与特点等。

(二)间接翻译

对于一些用直接翻译策略会使译文读者付出不必要的处理努力或者无法获得最佳关联的文化负载词,可采用间接翻译的策略,主要保留这些词汇与源语文本和源语读者之间的关联性。例如:

肝者,将军之官,谋虑出焉。

"将军之官"是对肝的比喻形容,"将军"是西方社会也存在的官职,在直译的基础上加上增译,译为"similar to a general"更为恰当,既能让译文读者感受到该比喻的绝妙,又与原文本实现了最佳关联。

第七章　文化转向视角下英汉习语、典故、禁忌语的翻译

习语、典故、禁忌语具有深刻的文化内涵,不仅内容包罗万象,其使用也极其广泛,可以说是语言文化的瑰宝。不论是英语还是汉语中都具有数量可观的习语、典故和禁忌语。因此,要想全面、充分地掌握英语,不仅要学习和了解英语中的习语、典故和禁忌语,还要将英汉两种语言中的习语、典故、禁忌语进行对比。

第一节　文化转向视角下英汉习语的翻译

一、英汉习语对比

(一)英汉习语的特征

1. 民族性

不同的民族所处的地理环境、历史背景、经济生活、风俗习惯、心理状态、价值观念等各不相同,所以习语也被赋予了深刻的民族特征。

在英国上千年的发展历程中,经历了古英语到现代英语的转变,并且衍生了大量的习语,进一步丰富了英语词汇。

中国几千年的民族文化同样造就了大量的汉语习语。汉语

第七章 文化转向视角下英汉习语、典故、禁忌语的翻译

习语有的来自历史文献,有的来自寓言故事,还有的来自历史人物。

总之,不管是英语习语还是汉语习语均可以看出民族的痕迹,所以要掌握英汉习语就应该了解其对应的民族文化与历史。

2. 修辞性

(1)习语原本就是修辞手段的运用与体现,具有语言生动、形象、通俗、简练的特点。有时也可以借助声音的节奏和韵律,让表达更为通顺流畅、生动,便于记忆。英汉语言中有大量这类习语。例如:

as timid as a rabbit(比喻)

Many men, many minds.(双声)

as red as a rose(头韵)

step by step(重复)

First come, first served.(对仗)

聪明伶俐(双声)

起早不慌,种早不忙。(韵脚)

鬼头鬼脑(重复)

人多力量大,柴多火焰高。(对仗)

(2)习语是语言中产生的一种特殊表达形式,所以其表达力更强。很多作者会运用习语展现文章的一种修辞效果,使语言更具有活力。习语是语言在长时间的使用中提炼出的短语或短句,是语言中的精华。因此,在恰当的时候准确地使用习语,可以增加语言的美感。

3. 固定性

习语其实是一种不规则的、独立的、较为固定的语言要素,其形式与意义早已被固定下来,一般不能随意改动,否则将无法传达准确的意义。例如,"as timid as a rabbit(胆小如鼠)"不能随意改成"as timid as a rat, search for a needle in a haystack(大海捞

针)",也不可随意改成"to search for a needle in the sea"等;"朝三暮四"不可随意改成"朝四暮三","七上八下"不可随意改成"八下七上"等。

(二)英汉习语的来源

1. 源于价值观的习语

价值观念往往可以体现一个人的生活态度和生活方式。中西方人的价值观念存在巨大差异,并且在习语中有所体现。西方人注重个人奋斗的价值,崇尚个性、自由,注重自我实现。西方人的独立精神以及对个人存在价值的尊重,使他们逐渐形成了求异忌同、标新立异的开拓精神。西方人追求的是以事实、法律为依据的科学文化。能够反映西方人这些价值观念的英语习语有很多。例如:

Self is our centre.

自我是我们的中心。

另外,西方人特别在乎个人的利益,视金钱为人生的重要一部分。例如:

Money is the key that opens all doors.

金钱是打开一切门户的钥匙。

相反,中国人有着很强的集体意识,认为集体的利益始终高于个人利益,追求社会的和平统一。这种价值观念也体现在汉语习语中。例如,"一个篱笆三个桩,一个好汉三个帮""家和万事兴万事"等。另外,中国人以谦逊为美,随遇而安、知足常乐,而争强好胜、好出风头是不被看好的,如"枪打出头鸟"。中国人重义轻利,强调钱财取之有道。例如,"视金钱如粪土""君子爱财,取之有道"等。

此外,中国传统文化蕴含着浓厚的尊卑观念和官本位观念。例如,"长幼有序""男尊女卑""一人当官,鸡犬升天""官官相护"等。

第七章 文化转向视角下英汉习语、典故、禁忌语的翻译

2. 源于民族历史的习语

每种语言都记录着民族的历史。英汉语言中均有一部分习语来自真实的历史事件或者历史人物。

西方古希腊、古罗马文化是英美文化的根源。古希腊神话中包括各种神,这从英语习语中就能看出。例如,(the) wheel of fortune(命运之轮)出自古罗马传说,与命运之神福耳图娜(Fortuna)的故事有关。西方的历史相对短暂,一些政治生活、文学作品就呈现了西方历史发展的脚步。例如:

the Augean stables 肮脏的地方

rest on one's laurels 坐享清福,光吃老本

like a Trojan 英勇顽强(《伊索寓言》)

中国历经上千年的历史,其间更换了一个又一个朝代。很多汉语习语源于中国的历史故事或事件,并且揭示了历史事件带给人们的启示等。例如,"刘邦攻项羽——反败为胜""成也萧何,败也萧何""身在曹营心在汉"等。

文学作品中传承下来的一些诗句中也蕴含着历史的痕迹。例如,"世上无难事,只怕有心人""老骥伏枥,志在千里""初生牛犊不怕虎"等。

中国人出于对世间万物的好奇,创造了丰富多彩的神话寓言故事,用于警醒世人。例如,"愚公移山""叶公好龙"等。

3. 源于生活环境的习语

以英语为母语的国家多数处于被海洋围绕的板块上,多面环绕海洋是英美国家重要的地理特征。得天独厚的海洋资源曾经使得航海运输业成为英美国家重要的生产方式。他们对海洋有着深刻的认识和情感,所以创造了丰富的海洋文化。于是,英语中出现了很多与海洋和航海工具相关的习语。例如:

all/completely at sea 茫然;困惑

in the same boat 处于相同的倒霉境地

set sail 远航

take the helm 执掌权力

受海洋这一特殊地理环境的影响,英国的气候变化无常,时而风和日丽,时而大雨滂沱,所以英国人对气候非常无奈,并且经常抒发这种对气候的心情,如"Everyone talks about weather, but no one could do anything about it."。同样,与气候有关的英语习语也有很多。例如:

in the wind 在酝酿中

a drop in the ocean 沧海一粟

spend money like water 挥金如土

in all weathers 风雨无阻

因为中国位于亚洲东部,太平洋西岸,是一个半封闭式的大陆,并且地形复杂、气候多样、河流纵横的自然基础很早就萌发了初期的农业文明。可以说,中国文化起源于大河,黄河被称为中华民族的母亲河,此外,中国有黑龙江、松花江、辽河、长江等各大流域。农耕文明与游牧文明的互动推动着中华文化的不断发展,总体上以农耕文明为主导。因此,汉语中有大量与农事有关的习语。例如:

深栽茄子,浅栽葱

春雨贵如油

冬天麦盖三层被,来年枕着馒头睡

面朝黄土背朝天

二、习语的翻译

(一)直译法

英汉语言中的一些习语在形式和喻体形象上非常接近,译者翻译时就可以采用直译法,再现原文的形式并保留原文的喻体。

例如:

tower of ivory 象牙塔
put oil on the flame 火上浇油
All roads lead to Rome.
条条大路通罗马。
A friend indeed is a friend in need.
患难见真情。
纸老虎 paper tiger
无可救药 beyond cure

(二)意译法

由于中西方文化背景的不同,使得许多英汉习语在形式和意义上无法对等,此时就不能用直译法进行翻译,可以尝试用意译法进行翻译。运用意译法可以传达原文含义和语体风格,其不拘泥于原文的形式和修辞手法。例如:

a lion in the way 拦路虎
the heel of Achilles 致命的弱点
like a fish out of water 很不自在
大张旗鼓 on a large and spectacular scale
赔了夫人又折兵 suffer a double loss instead of making a gain

(三)套译法

假如英汉语言中的习语在内容和形式上都比较接近,即字面意义、喻体形象和比喻意义都相似,那么译者就可以借用相互对应的习语进行对等翻译。例如:

make pig of oneself 猪一样的饭量
A rat crossing the street is chased by all.
老鼠过街,人人喊打。

第二节 文化转向视角下英汉典故的翻译

一、英汉典故对比

(一)英汉典故的结构形式

就结构形式而言,英汉典故有较大差异。通常,英语典故的结构更灵活、自由,字数有很大的伸缩性。一些典故可能只是一个词,如 Eden(伊甸园);一些典故由几个、十几个单词或一个句子组成,如 the last supper(最后的晚餐),Some men are born great, some achieve greatness, and some have greatness thrust upon them.(有的人是生来的富贵,有的人是挣来的富贵,有的人是送上来的富贵)。

相反,汉语典故看起来结构更加简练和紧凑。通常,汉语典故主要是四字成语,如"四面楚歌""亡羊补牢""倾国倾城""杯弓蛇影"等。当然,有些汉语典故是对偶性短句,如"皮之不存、毛将焉附"等。

(二)英汉典故的来源

1. 源于神话传说的典故

一些英语典故来自神话传说。例如,the touch of Midas(点金术),其来自希腊神话故事:酒神巴克斯(Bacchus)为了感谢弗利治亚(Phrygia)国王迈达斯(Midas)便赋予他一种神力,从此以后迈达斯可以把他所接触的任何东西都变成金子。再如,Prometheus(普罗米修斯之火)也来自希腊神话,喻指为崇高理想而燃起的心灵之火。

第七章 文化转向视角下英汉习语、典故、禁忌语的翻译

同样,汉语中也有来自神话传说的典故。正如《汉英双语·现代汉语词典》指出的:"神话是关于神仙或神化的古代英雄的故事,是古代人民对自然现象和社会生活的一种天真的解释和美丽的向往。"例如,"点铁成金",其源于古代神仙故事,说的是仙人可以用法术将铁(也有的说是"石")变成金子,如《列仙传》就谈到许逊能点石成金。后来,"点石成金"除了本意外,还有了比喻义,比喻把不好的诗文改好。

2. 源于历史故事的典故

历史故事也是英语典故的重要来源之一。例如,fiddle while Rome is burning(表示大难临头仍寻欢作乐),讲的是公元64年,罗马帝国首都罗马遭遇大火,罗马皇帝尼禄不仅不去救火,反而坐在高高的城楼上边欣赏火景边弹奏乐器。再如,meet sb.'s Waterloo(表示遭遇惨败),说的是1815年6月18日,拿破仑在比利时的滑铁卢与第七次反法同盟展开决战,结果拿破仑大败。这次滑铁卢之战不但结束了"百日政变",拿破仑也因此被迫退位并被流放直至死于荒岛。

同样,一些汉语典故也来自历史故事。例如,"怒发冲冠"出自《史记·廉颇蔺相如列传》。据说,赵国大臣蔺相如带和氏璧去秦国换十五座城,献璧时秦王拒不给城,"相如因持璧却立,倚柱,怒发冲冠"。"怒发冲冠"形容头发竖立,表示非常愤怒。再如,战国末期,燕国的太子丹派荆轲去刺杀秦王,并将秦国叛将樊於期的人头和燕国的地图这两样东西当作见面礼。荆轲将泡过毒液、准备行刺秦王的匕首藏于地图内。见到秦王后,随着地图的慢慢展开,匕首现了出来,荆轲拿起匕首向秦王刺去。虽然刺杀没有成功,但"图穷匕见"的故事流传了下来。从此以后,"图穷匕见"被用来喻指事情发展到最后时的真相大白。

3. 源于文学作品的典故

英语中还有不少典故出自文学作品。例如，salad days（色拉岁月）源于莎士比亚的《安东尼与克里奥佩特拉》，剧中埃及女王克里奥佩特拉将自己与罗马统帅恺撒相好之时称为"色拉岁月"，喻指天真幼稚的青少年时期，而 Cleopatra（克里奥佩特拉）指绝代佳人。再如，荷马著名史诗 *Odyssey*（《奥德赛》）讲述的是：希腊神话英雄 Odysseus 在特洛伊战争中以"特洛伊木马"攻破特洛伊城后，在海上漂流十年，战胜独眼巨神，制服了女巫，经历了种种艰险，终于回到了自己的国家，夫妻团圆。之后，"Odyssey"喻指"磨难重重的旅程"或"艰难的历程"。

一些汉语典故是从古典文献中的经典名言名句中抽取、提炼、演化而来的，是人们为了方便使用而精练概括出来的。例如，出自《三国演义》的"锦囊妙计""过五关斩六将"，出自《水浒传》的"梁山好汉"，出自《吕氏春秋·明理》的"罄竹难书"，出自《出塞九首·其六》的"射人先射马，擒贼先擒王"，出自《史记·越王勾践世家》的"兔死狗烹"，出自《战国策·赵策一》的"士为知己者死"等。

二、典故的翻译

（一）直译法

直译法能充分再现源语典故的形象和民族特色，因此在翻译英汉语言中喻体和喻义相互对应的典故以及广为人知的典故时，可以采用直译法。例如：

cold war 冷战

shuttle diplomacy 穿梭外交

wolf in sheep's clothing 披着羊皮的狼
bone of the bone and flesh of the flesh 骨肉相连
One swallow doesn't make a summer.
一燕不成夏。
雪中送炭 to offer fuel in snowy weather

（二）意译法

意译法是在直译法无法使目的语读者理解其含义时，依据原文的意思，运用译入语中相应的表达方式进行翻译的一种方法。意译法虽然不能有效保留原文的文化形象，但能充分传达原文的内在含义。例如：

between Scylla and Charybdis 进退维谷
hide one's candle under a bushel 不露锋芒
to be cat's paws 上当，被人利用
like a fish out of water 很不自在
Smith often Uncle Tommed his boss.
史密斯常对老板阿谀奉承。
悬梁刺股 be extremely hard-working in one's study
倾国倾城 be exceedingly beautiful
这妯娌俩，可真是针尖对麦芒了。
These two women are like diamond cutting diamond.

（三）套译法

在翻译英汉典故时还可以使用套译法，这种翻译方法适用于文化内涵大致相同、语言表达方式大体相似的典故。例如：

Walls have ears.
隔墙有耳。
过河拆桥 kick down the ladder
画蛇添足 paint the lily

第三节　文化转向视角下英汉禁忌语的翻译

一、英汉禁忌语对比

(一)与生相关的禁忌语

与生有关的禁忌就是对于长相丑陋、身材肥胖或生理有缺陷的表达中的禁忌。在英语中，ugly 是一个禁忌语，一般要用 plain(平常)和 homely(不好看)来替代；skinny 也是一个禁忌语，其不可以直接用于形容女性纤瘦，而要用 slim 来代替，因为 skinny 带有皮包骨头、不健康的意思。需要指出的是，随着社会的发展和文明程度的提高，出现了大量用于残障人士的禁忌语，其一方面体现了社会的人文关怀，另一方面避免了对生理有缺陷的人的心理伤害。例如：

visually retarded 视力有障碍
hard of hearing 听觉困难的
auditory-impaired 听觉损伤的
defective hearing 听力有缺陷的
physically inconvenience 行动不便的
physical handicapped, physically inconvenienced 生理上有障碍的

请看下列用于句子中替代身体残疾禁忌语的婉转表达。
The National Inconvenienced Sportsmen's League sponsored athletic competitions for people who have lost—or lost the use of—their legs, arms, or eyes.
全国伤残人运动员协会主持了上肢或下肢残疾者和双目失明者运动比赛。

Mr. Smith has a disability and a pension from the government.

史密斯先生残疾了,领有一份政府发给的抚恤金。

Guide dogs were first trained after World War I when many soldiers returned home sightless.

第一次世界大战之后许多士兵由于失去视力而返回家园,这时候开始了对导盲犬的训练。

另外,为了避免一些生理现象带来的尴尬,也要适时选用婉转的表达。

(1)可以替代 fart(放屁)的表达。例如:

make a noise(弄点响声)

wind from behind(从后面来的风)

let a breeze(来一阵微风)

pass wind/air(排气)

(2)可以替代 urinate(小便)的表达。例如:

make water(造水)

pass water(排水)

do number one(一号)

answer the call of nature(自然需要)

caught short(被搞得措手不及)

ease/relieve oneself(使自己舒适一下)

get some fresh air(去呼吸点新鲜空气)

(3)可以替代 defecate(大便)的表达。例如:

move the bowels(轻松一下肠子)

do number two(二号)

例如,汉语中常用"方便""解手""更衣""出恭""如厕"等表达大小便,还将马桶称为"净桶"或"恭桶",将厕所称作"卫生间""洗手间"或"更衣室"。同样,英语为了避免粗俗与尴尬,也会用一些可以替代禁忌语的迂回表达。

汉语表达"肥胖"时通常用"丰满";说某人残疾时,会用"聋哑人""弱势群体"替代。

（二）与老相关的禁忌语

在西方国家，old 代表衰老、无用，所以西方老人特别反感这个词。因此，在表达 old 时，应该避免出现这个词，使用其他相对隐晦的表达。例如：

be getting on years 年岁增长
elderly people 年龄较大的人
feel one's age 感觉上了年纪
getting on(in years) 上了年纪
golden years 金色年华
grey-headed people 灰头发的人
in sunset years 进入暮年
mature people 成熟的人
past one's prime 已过壮年
reach one's golden age 进入黄金年华
seasoned men 有丰富经验的人
seasoned people 老练的人
second childhood 第二少年期
senior citizens 资深公民
well-preserved people 保养得好的人

请看下列用于句子中替代老的方面禁忌语的婉转表达。

My father is getting elderly now and can't walk very fast.
我父亲年事渐高，走不快了。

One more indignant senior citizen penned complaints about the universal decay of virtue in the western world.
又一位老人义愤填膺地奋笔疾书，批评西方世界普遍存在的道德败坏现象。

中国人认为老的都是有智慧和经验的，所以应该对他们特别尊敬，并不忌讳用"老"字。

（三）与病相关的禁忌语

西方人对疾病比较忌讳，所以在表达过程中会尽量避免使用这方面的字眼。例如：

（1）Ca, the Big, the big C, a growth（赘生物），long illness（久病），terminally ill（晚期病）等替代 cancer（癌症）。

（2）heart condition（心脏状况有异）替代 heart attack（心脏病）。

（3）Hansen's disease（汉生病）替代 leprosy（麻风病）。

（4）mentally ill/handicapped（精神上有问题），mentally disturbed（精神上受打扰），deranged（精神错乱）等替代 mad, crazy 或 insane（疯）。

（5）irregularity（不规则）替代 constipation（便秘）。

（6）blossom（花），beauty spot（美丽豆；美人斑）替代 pimple（丘疹）。

（7）preventable disease（可以预防的疾病）替代 syphilis（梅毒），AIDS（艾滋病）等。

（8）social disease（社会性疾病）替代 venereal disease（性病）。

请看下列用于句子中替代疾病方面禁忌语的婉转表达。

He has some kind of kidney problem that the doctors don't quite understand.

他患有某种肾脏病，连医生都莫名其妙。

He had an accident in the brain last week.

他上周中风了。

The mother of the kidnapped baby was temporarily mentally deranged by grief.

那个被拐婴儿的母亲悲伤得一时精神错乱。

同样，中国人对疾病也是普遍表示恐惧的，希望远离疾病，所以与疾病有关的词语都是禁忌语。为了顾及病患及其家属的感受，一般会用婉转的表达代替疾病方面的禁忌语，如用"欠安"表示生病，用"不好的病"表示不治之症。当然，很多具体病症有能替代禁忌语的表达,如表达受伤时用"挂彩",表示肺结核时用"怯症",表达腹泻时用"河鱼",表达疟疾时用"打摆子",表达性病时用"花柳病"等。

(四)与死相关的禁忌语

死亡几乎是任何一个国家的人们都特别恐惧的事情。在英语中,表示"死亡"的表达十分丰富。

(1)用一个单词表示死亡。例如:
die,dead,death,decrease,depart,hang

(2)用两个单词表示死亡。例如:

be low

cease respiration

check out

fall asleep

go up

go west

kick in

kick off

pass away

suffer death

(3)用三个单词表示死亡。例如:

be gone forever

be no more

catch one's death

cease to exist

end one's day

go to glory

lay to rest

meet one's death

rest in peace

第七章 文化转向视角下英汉习语、典故、禁忌语的翻译

slide into oblivion

(4)用四个或四个以上单词表示死亡。例如：

answer the last call

breath one's last breath

depart to the world of shadows

emit one's last breath

give up one's life

give up the ghost

kick up one's heels

lay down one's life

pay the debt of nature

return to the dust

当然，一些专业领域也有表达死亡这一禁忌语的替代语。例如：

与医生职业有关的死亡的婉转表达：to put someone out of his misery, to be no longer with us 等。

与赌博有关的死亡的婉转表达：to be shuffled, to be trumped, to be out of game 等。

与海员职业有关的死亡的婉转表达：to slip one's ropes, to hit the rocks, to lunch into eternity。

与会计职业有关的死亡的婉转表达：to pay the debt to nature, cancel one's account

同样，汉语中也有很多表达"死亡"的婉转表达。

(1)用一个字表达死亡。例如：

毙、逝、卒、亡、崩、陨

(2)用两个字表达死亡。例如：

长眠

闭眼

大故

归西

鹤化
去世
升天
故世
圆寂
作古
归寂
送命
亡故
谢世
夭折
永眠
仙逝
仙游

(3)用三个字表达死亡。例如：
睡着了
上西天
山陵崩

(4)用四个字表达死亡。例如：
溘然长逝
寿终正寝
驾鹤西游
马革裹尸
百年之后
一命呜呼
舍生取义
香消玉殒

(五)与性相关的禁忌语

与"性"有关的表达往往也是古今中外都比较隐晦的，所以有很多是禁忌语,应该用较为迂回的表达进行替换。

英语中有大量关于性爱、婚外恋方面的禁忌语。在交际过程中,为了避免交际双方的尴尬,应该使用合适的婉转表达。

(1)应该用婉转表达替代 whore, prostitute(妓女)等禁忌语。例如:

body worker 肉体工作者

call girl 应召女郎

pavement princess 人行道上的公主

red light sister 红灯姐妹

sex worker 性工作者

trading girl 贸易女郎

working girl 工作女郎

(2)应该用婉转表达替代 copulate, fuck, have sexual intercourse(性交)等禁忌语。例如:

do it 干那种事

go to bed with sb. 和某人上床

live together 住在一起

make love 做爱

sleep with sb. 与某人同睡

(3)应该用婉转表达替代 prostitution(卖淫)这一禁忌语。例如:

be in the trade 从事那个行业

behavior problem 行为问题

the oldest profession 最古老的职业

(4)应该用婉转表达替代 rape(强奸)这一禁忌语。例如:

assault 袭击

deflower 采

do violence to sb. 对某人施暴

(5)应该用婉转表达替代 extramarital affair(婚外恋)这一禁忌语。例如:

do bedroom affairs with sb. 与某人有床笫之欢

have intimacy with sb. 与某人关系亲昵

have relation/connection with sb. 与某人有关系

(6)应该用婉转表达替代 adultery(通奸)这一禁忌语。例如：

be intimate with sb. 与……有性关系

to make time with 勾引异性，与人私通

(7)应该用婉转表达替代 cohabitation(未婚同居)这一禁忌语。例如：

married but not churched 结了婚但尚未去教堂举行婚礼

trial marriage 试婚

(8)应该用婉转表达替代 pregnancy outside marriage(未婚先育)这一禁忌语。例如：

get into trouble 陷入困境

have an accident 意外事件

(9)应该用婉转表达替代 illegitimate child(私生子)这一禁忌语。例如：

love child 爱情之子

secret son/daughter 私密之子/女

同样，汉语中有大量可以替代性行为这一禁忌语的婉转表达，如"鱼水之欢""春事""云雨""同房""同床""床笫""床上""房事""交合""合欢"等。此外，汉语中还涌现了大量表示男女关系不正当的词语，如表达男女有奸情可以说"有染"，表达男子到处挑逗女性说成"拈花惹草"，男子引诱妇女称作"偷香窃玉"，占女性便宜称为"吃豆腐"，男人宿娼表达为"寻花问柳"，好色之徒说成"登徒子"，女子对男子的思念说成"怀春"，女人有了外遇称作"红杏出墙"，女子用情不专称作"水性杨花"，妓女称作"烟花女子""青楼女子""窑姐""流莺"等，妓院称作"勾栏""云雨乡""烟花柳巷"等。

二、禁忌语的翻译

（一）直译法

英汉禁忌语在某些禁忌方面存在一定的共性，翻译时就可以保留源语的禁忌形象，这样不但能保持生动性与原汁原味，而且能丰富译语语言，便于译语读者感受源语的意境。例如：

idiot 傻瓜
moron 笨蛋
go away 滚开
shut up 闭嘴
to go west 归西天
to go to one's last home 回老家
to expire 逝世
to give up the ghost 见阎王
to return to dust 入土
The old man lay taking his rest after a life of bitter hardship.
这位老人辛辛苦苦一辈子，现在安息了。
物换星移，皇位更替。景帝驾崩之后，武帝刘彻即位。

（徐飞《凤求凰》）

With the passage of time, even the stars change their courses. And even emperors pass away. Emperor was succeeded by Liu Che, who reigned as Emperor Wu.

（Paul White 译）

（二）意译法

由于历史背景、习俗观念以及语言文化等因素，源语中的禁忌语与目的语中的禁忌语在内容、形式上都有巨大差异，此时译者就要放弃对原文表达形式的保留而采用意译法。例如：

bastard 该死

bugger 天呀

hole 臭嘴

slut 淫妇

An old white pimp named Tony Roland who was known to handle the best—looking working girls in New York.

一个名叫托尼·罗兰的白人老淫媒,据说手里掌握着纽约市最美貌的窑姐。

且说宝玉次日起来,梳洗完毕,早有小厮们传话进来说:"老爷叫二爷说话。"

(《红楼梦》)

The next morning when Baoyu had finished his toilet, his pages announced that the master wanted him.

(杨宪益、戴乃迭 译)

第八章　文化转向视角下英汉人名、景点名称、数字的翻译

英汉人名、景点名称、数字文化作为英汉文化研究的重要内容,可以鲜明地体现中西方独特的文化内涵。学习了解人名、景点名称、数字的文化内涵是正确翻译英汉人名、景点名称、数字的重要基础。通过翻译我们不但可以实现跨文化交际,而且能将本民族的文化传播到世界各个角落。因此,本章分别对文化转向视角下英汉人名、景点名称、数字的翻译进行研究。

第一节　文化转向视角下英汉人名的翻译

一、英汉人名对比

(一)英汉人名的基本结构

1. 人名的结构表象

英汉人名的共性是兼有姓和名。但是,英汉人名在结构表象上存在一个很明显的差异,即姓和名的排序不同。
(1)英语人名的排列顺序为名在前、姓在后

名在前、姓在后是英语人名的基本排列顺序,其实除了英语人名,西方印欧语系的多数国家和民族的人名均为这样的顺序。

例如：

Karl Marx(卡尔·马克思)：Karl 是名，Marx 是姓。

Edward Adam Davis(爱德华·亚当·戴维斯)：Edward 是教名，Adam 是本人名，Davis 为姓。

Anthony Giddens(安东尼·吉登斯)：Anthony 是名，Giddens 是姓。

需要指出的是，英美国家的妇女在婚前都有自己的姓名，婚后则会在原名之前加上丈夫的姓。例如，玛丽·怀特(Marie White)女士与基努·里维斯(Keanu Reeves)先生结为夫妻，婚后女方的姓名就变成了玛丽·里维斯(Marie Reeves)。

在日常的交际中，称呼某人时不需要说全，通常只说姓即可，如克鲁斯先生、劳伦斯先生。但在一些正式场合中，人名就要说全，不可省略。人名的书写一般可以把名字缩写为一个字头，但姓不能缩写，如 D. C. Sullivan，G. W. Thomson 等。

(2)汉语人名的排列顺序为姓在前、名在后

众所周知，中国人的人名排序都是姓在前、名在后，其与英语人名的排列完全相反。例如：

陈亚川：姓是陈，名是亚川。

刘军：姓是刘，名是军。

2. 英汉人名结构差异产生的根源

英汉人名结构之所以出现了上述差异，主要有如下几个方面的原因。

(1)英汉人名形成的历史不同

出现英语人名排序中"名在前、姓在后"的结构，一个重要原因是英语的人名出现得比姓早。实际上，很多欧洲国家在相当长一段时间是只有名没有姓的，如英国、法国、德国、意大利、葡萄牙、西班牙、俄罗斯等。直到中世纪后期，才纷纷有了姓。

汉语人名之所以出现"姓在前、名在后"这一结构，也与中国的发展历史有关。实际上，中国在母系氏族时代就有了姓，直到

夏、商朝才有名。

(2) 英汉人名蕴含的价值观不同

西方多数哲学的倾向和流派都特别强调"主客二分",即把主体与客体对立起来。其具体表现为,西方人试图用各种方法征服自然,强调个人独立,崇尚个性。西方人注重个人意识,进而形成一种个人价值体系,所以代表个人的名理应在先,而代表群体的姓就自然置于其后。

中国人在很早就形成了较强的宗族观念。孟子曰:"不孝有三,无后为大。"可见,对种族的延续是每个中国人的职责。在中国人看来,姓代表宗族和血缘关系,象征群体,名代表个人。另外,中国的传统哲学具有整体性,其不强调对事物的分类,但注重整体之间的联系。太极动而生阳,静而生阴,在动静交替中产生阴、阳。阴阳相互对立、相互转化,事物总是在阴、阳交替变化的过程之中求得生存、发展。从哲学角度看,阴和阳之间的关系是从对立走向对立统一的。因此,代表宗族的姓要比名字重要得多。

(二) 英汉姓氏的主要来源

1. 英语姓氏的主要来源

英语民族对于姓的选择有很大的随意性,具体如下所述。

(1) 源于自然现象。英美人的姓氏有不少源于雨、雪、风、霜等自然现象,并且会用其谐音翻译。例如,Snow(斯诺),源于"雪"这一自然现象。

(2) 源于动植物名称。西方不少姓氏与动植物的名称有关。例如,Drake(德雷克),是"公鸭"的名称。

(3) 源于父亲的姓。一些西方人喜欢在父名上加前缀或后缀构成姓氏。例如,Macarthur(麦克阿瑟),是由父名 Arthur 加上前缀 Mac- 构成的姓氏。

(4) 源于地理特征。不同国家有着独特的地形、地貌和气候环境,人们生活在其中,对此有着深刻的认识。西方人常常以地理特征来构成姓氏。例如,Ford(福特),表示"可涉水而过的地方"。

(5)源于颜色。颜色既代表某种文化含义,又是个人审美观念的体现。不论哪个国家,颜色都是人们无法避开的事物和话题。特别是英美人,他们的很多姓氏都源于颜色词。例如,Black(布莱克),表示"黑色"。

(6)源于职业。一份职业既可以成为人们生活的来源,又是一个人经济、地位和身份的象征。但从价值层面上说,每种职业都是平等的。因此,不少西方人的姓氏是来自于职业术语的。例如,Miller(米勒),表示"磨坊主"。

2. 汉语姓氏的主要来源

(1)源于居住地名。《潜夫论·志氏姓》(王符)中有:"东门、西门、南郭、北郭,所谓居也",意思是"氏以居"。可以看出,以居住地名为姓氏的现象在中国是很常见的。例如,"东门"姓,源于春秋时期的公子遂住在东门并号称东门襄仲,之后成为普通的姓氏。

(2)源于故国名。夏、商、周三代都实行封侯赐地,特别是西周大举分封之后,诸侯国到处都是,有大,也有小,这些国名就成了国家子孙后代的姓氏。分封制是宗法制在政治上的体现,体现了西周政治制度等级森严以及政治与血缘结合的鲜明特点。

(3)源于祖先的字或名。缅怀、纪念是中国倡导的一种文化,因此一些人直接以祖先的字或名为姓氏,以表示对祖先的感恩之情。例如,"林"姓,周平王之庶子字林开,其后代为了纪念他就姓林。

(4)源于官职。以官职为姓,导致姓氏包括单字和复字。如今,较为常见的复姓有司马、司徒、司空、太史等,这在夏、商、周三代其实都是官职,为官者的后代就将这些官职名作为自己的姓。例如,"粟"在汉代指治粟都尉这一官职,如同今天的粮食部部长,后人为了纪念为官者便姓粟。

（5）源于职业。宗法制的典型特点是：利用父系关系的亲疏来决定土地、财产和政治地位的分配与继承。中国古代实行的就是宗法制度，所以子承父业是极为普遍的现象。之后，很多技艺都遵循这种传递沿袭规则。于是，一些后代直接就以某种职业、技艺为姓。例如，"屠、屠羊"姓，源于世代相传的杀牛宰羊的技艺。

（三）英汉人名的起名方式

1. 英语人名的起名方式

（1）以货币取名。西方国家特别注重财富的积累和个人的价值，所以他们直接用货币名称当作自己的名字。例如，Pound（庞德），是英国货币"英镑"的名称。

（2）以神话中的人物命名。很多英语人名源于希腊或罗马神话。例如，Irene（艾琳）源于希腊神话的和平女神，意为"和平"。

（3）以动植物命名。动植物是与人类共生共存的，所以它们与人类的深厚情感是不可忽视的。于是，很多英美国家的人就直接将动植物的名称当作自己的名字。例如，Rose（罗斯），指玫瑰花。

2. 汉语人名的起名方式

（1）以《周易》命名。因为中国古代的民众还无法很好地把握自然现象、社会现象等，所以当遭遇天灾人祸后，总希望借助神意对未来的生活进行预测，以趋利避害，于是就有了后来的《周易》。《周易》被誉为群经之首，大道之源，已成为汉族文化之根。《周易》的思想已经融入中国人生活的方方面面，以《周易》命名就是其中一个体现。以《周易》命名，即以生辰八字命名，根据事主出生的年、月、日、时间排出四柱，找出八字中五行所缺，由名字补上，以平衡八字。例如，如果一个人的命中缺金，那么其名字里最好带"金"字或金字旁,如命名为"鑫";如果一个人命中缺木,通常可以命名为"林"或"森"等。

(2)以历史事件命名。在中国的历史长河中,出现了一个又一个重大历史事件,后人为了纪念它们,会以这些事件为后代起名。例如,为了纪念1998年抗洪抢险事件,给当时生的孩子起名为"水生""抗洪"等。

(3)以美好寓意取名。名字往往能够表达人们对美好事物的向往与追求,所以长辈有时也把自己对后代的期望融入名字中。例如,"显祖""光祖""耀宗"等,寄托了长辈期待光宗耀祖的愿望。

(4)以器物取名。很多生活中的器物为人们提供了便利,所以其价值也被人们重视。于是,一些人直接将这些器物作为孩子取名的一个依据,希望孩子长大也能有所作为。例如,珠宝价值连城,人们会以它为孩子取名,如"宝国""宝刚"等。

(5)以动植物取名。中国人名也有部分是根据动植物名称命名的,但是会有性别上的差异。通常,男性会以勇猛的动物命名,代表着威武、顽强;女性会以漂亮的植物命名,代表着美好的容貌。例如,女性命名为"花、枝、梅、莲、桂"等,体现一种阴柔之美。

二、英汉人名文化翻译

(一)英语人名的翻译

将英语人名翻译成汉语人名时,一般可以采用音译法和形译法。

1. 音译法

将英语人名译成汉语人名时,应该先以英语的发音为主,译成对应的汉语,遵循"名从主人"的原则。具体来说,运用音译法翻译英语人名时,应注意如下几个方面。

(1)译名尽量简短

音译名应避免过长,注重简短,以方便记忆。翻译英文名时,

第八章 文化转向视角下英汉人名、景点名称、数字的翻译

可将原英文名中不明显的发音省略。例如，将 Rowland 译为"罗兰"，而不是"罗兰德"；将 Engels 译为"恩格斯"，而不是"恩格尔斯"等。

(2) 符合标准发音

所翻译的人名还应该符合标准发音，即译出的音不仅要符合人名所在国语言的发音标准，而且要符合汉语普通话的标准发音，以使不同的翻译工作者在对人名进行翻译时可以做到"殊途同归"，从而避免不同的译名。

(3) 根据性别翻译

因为人名有性别上的差异，所以在采用音译法翻译英语人名时，应该选择一些可以体现性别的汉字。例如，将 Emily 译为"艾米丽"，将 Edward 译为"爱德华"。

(4) 译名避免使用生僻字和易引起联想的字

在汉译英语人名的过程中，应该采用译音所规定的汉字，不要用生僻的字以及容易让人引起联想的字。例如，将 Kennedy 译为"肯尼迪"，而不能译成"啃泥地"。

2. 形译法

对于某些译著或媒体中出现的英文人名，可以采用形译法。因为各民族之间的文化融合速度较快，随之涌现了大量新的人名，这些人名没有约定俗成的名字可以遵循，也不方便采用音译法进行翻译，此时就可以使用形译法。例如，计算机语言 Pascal 语言，Pascal 这一人名在计算机书中就直接形译，而没有采用其音译名"帕斯卡"。

(二) 汉语人名的翻译

通常，翻译汉语人名时可以采用音译法、音译加注法、释义法。

1. 音译法

一些汉语人名可以按照汉语拼音拼写方法先姓后名进行翻

译。例如：

马慕韩一听到朱延年要报告福佑药房的情况，马上就预感到他又要大煞风景，在林宛之三十大庆的日子来大力募股了。

（周而复《上海的早晨》）

As soon as he heard Chu Yen-nien say this, **Ma mu-han** had a presentiment he was going to pour cold water on the proceedings again by vigorously soliciting investments at Lin Wan-chi's thirtieth birthday party.

（A. C. Barnes 译）

2. 音译加注法

音译加注法就是先用汉语拼音翻译人名，之后在括号或引号中解释汉语人名的含义。运用这种方法翻译汉语人名，可以使读者更好地体会汉语人名的内涵、寓意。例如：

原来这女孩正是程郑的女儿。此女原也有两个哥哥，一个姐姐，可惜都未久于人世。为了保住这条小命，程郑给她取了"顺娘"这么个名字，希望她顺顺当当长大成人。

（徐飞《凤求凰》）

Shunniang was his only surviving child, he had lost two boys and a girl born before Shunniang. **It was his fervent wish that she, at least, would survive to grow adulthood.**

（Paul White 译）

不管人事怎么变迁，**尹雪艳**永远是**尹雪艳**。

（白先勇《台北人》）

But however the affairs of men fluctuated, Yin Hsueh-yen remained forever **Yin Hsueh-yen, the "Snow Beauty" of Shanghai fame.**

（白先勇、叶佩霞 译）

3. 释义译法

释义译法就是在翻译中对原文中的人名进行解释。例如：

第八章 文化转向视角下英汉人名、景点名称、数字的翻译

布帘起处,走出那妇人来。原来那妇人是七月七日生的,因此小字唤做**巧云**,先嫁了一个吏员,是蓟州人,唤做王押司,两年前身故了。方才晚嫁得杨雄,未及一年夫妻。

(施耐庵、罗贯中《水浒传》)

The door curtain was raised and a young woman emerged. She had been born on the seventh day of the seventh month, and she was called **Clever Cloud**. Formerly she had been married to a petty official in Qizhou: Prefecture named Wang. After two years, he died, and she married Yang Xiong. They had been husband and wife for less than a year.

(Sidney Shapiro 译)

第二节 文化转向视角下英汉景点名称的翻译

随着经济全球化的进行,许多行业逐步与世界融合,旅游业就是其中一项。旅游景点的翻译对吸引国外游客有着非常重要的作用。亮眼的景点译名能够提高宣传的效果,先声夺人,一瞬间吸引住游客的眼球,抓住游客的好奇心理,给游客留下深刻的印象,激发游客一睹为快的欲望。早期景点翻译一般采用直译等方式,效果非常有限,有些甚至让国外游客无法理解。建构主义视觉下旅游景点的翻译能优化中外文化差异,提升翻译效果,增强国外游客对国内景点的认同感。

一、建构主义简介

建构主义最早是由著名瑞士心理学家皮亚杰(J. Piaget)提出来的,其采用唯物辩证法深入研究儿童认知发展过程。他认为儿童的认知过程就是人的内因与外因相互作用的过程,也就是儿童

在与其生活的周围环境相互作用时,逐渐建构起自己对外部世界的认知,推动自己原有认知结构的发展,直到获得对整个世界的全新认识。① 后来,建构主义经过其他科学家的不断完善,使用范围得到扩大。他们指出,学习者应该发挥出主动性,在自己原有认知事物的知识经验上,形成新的内涵意义,建构理解事物的认知,将这种理论引用到旅游景点翻译方面。从本质上来说,其实就是中西社会文化互动的过程。利用建构主义理论翻译旅游景点名称,显然具有对中西文化差异的包容性,充满时代气息,可以突出旅游景点的鲜明特征。

二、当前国内旅游景点名称的翻译现状

目前,我国大部分旅游景点名称翻译规范是"实体名称",具备较强的"宣传"与"信息"两种相结合的语言功能,符合我们的思维方式与观赏习惯,但未必适应国外游客的文化与生活习性。随着时间的推移,一些不准确的必定会显现出落后于信息时代的因素。从语言结构方面分析国内旅游景点名称,首先要满足游客记忆与翻译书写的需求,通常采用通名与专名的结合体,这种实体名称可以进一步细化,分为四种名称:通名、专名、属性名以及冠名等。② 翻译某个具体旅游景点名称时,可以采用多种翻译策略,常见的有直译、音译、专名与通名意译等方式。由于受译者的能力、角度、文化等诸多因素的影响,同一个旅游景点名称的翻译会出现不同的词汇组合结构。

通过分析国内若干公开刊物,发现很多旅游景点名称差不多都是英文关键词的排列组合。由于所选择的英文名词不同,导致同一个旅游景点名称也不统一,这是国内较为普遍的现象,给国内外游客带来了诸多不便和若干错觉。例如,著名陕西景点"大唐不夜城",被简洁而生硬的英文名词组合成了英文译名"Great

---

① 邹莹. 皮亚杰与维果斯基的建构主义比较[J]. 外语学刊,2009,(5):117-120.
② 孙益春. 浅谈西湖景点名称的翻译[J]. 中国科技信息,2007,(11):297-298.

Tang All Day Mall",这样的翻译不仅没有达到宣传景点的效果,反而让人觉得很别扭,适得其反。这种翻译有损于景区本应包含的特征,无法展现给游客一种景区的文化氛围,更不具备现代人欣赏的角度与出发点,体现不出地方特色与时代气息。

三、建构主义视觉下旅游景点的翻译原则

根据全国各旅游景点翻译名称的特点,结合每个地方公示语翻译标准的制订方式,笔者认为构建主义视觉下旅游景点应该遵循如下几个翻译原则。

（一）模糊与对等翻译原则

模糊与对等翻译原则适合那些常见的专名通名与属名、冠名等信息量特别详细的景点翻译。由于国家与国家之间的文化差异,文字意思表达的差异,以及旅游景点所要传达信息的差异,在具体翻译某个景点时,通常不会采用一对一的词义对等进行翻译,而是选择最能体现这个旅游景点的文化价值与精神内涵的关键词,准确而严谨地进行翻译。例如：

秦始皇兵马俑博物馆

秦始皇兵马俑博物馆是我国著名的历史文化景点,可以遵循模糊与对等翻译原则,译为 Qin Terracotta Warrior Museum。具体来说,第一个英文单词采用中文汉字拼音,而后面两个单词遵循中英文词义模糊与对等翻译原则,通过关键词传递出景点的特征。再如：

大雁塔北广场音乐喷泉

Yanta Square Music Fountain

大雁塔北广场音乐喷泉是陕西远近闻名的旅游景点,可以遵循中英文对等的翻译原则,这样表达的含义也清晰明了了。

（二）直译与意译原则

目前,国内各种旅游景点为了吸引国内外游客,都尽可能挖

掘出自身具有利用价值的资源，包括名称翻译。对于我国历史文化遗产类旅游景点，隐藏的巨大潜能是景点包含的深厚的文化内涵，这种内涵早已通过各种途径传向全世界。例如，各大高等院校以及各地中小学所使用的教科书，早已将著名景点的文化价值灌输给了世界各地的游客。游客接受历史文化景点名称，进行探究是建立在已有认知基础之上的，这要求我们遵循直译和意译的原则以便易于游客接受，所使用词汇尽量用目标语中相对等的语义词汇，直接采用专名和通名。例如：

大清真寺

大清真寺具有悠久的历史，而英语词汇中也有相应的词汇，因此可以直接翻译成 The Great Mosque。再如：

青铜器博物馆

Bronze Ware Museum

大佛寺

Giant Buddha Temple

（三）专名音译原则

为了传承旅游景点的历史文化，发扬祖国文化，部分旅游景点名称不能实行"拿来主义"，采用专名直译的方式。而部分景点名称由于专名与冠名都已经失去了意象，没有了原有性质，如果采用别的国家语言中对应的词汇，必定导致旅游景点的文化底蕴彻底失去，因此需要采用专名音译的方法。例如：

周公（庙）

Zhougong（Temple）

周公在我国是指特定人物，不能用他国语言的一个简单泛称来代替，否则会失去历史意味与现实意义。

（四）增译或减译原则

为了提高语言表达的准确性，部分旅游景点名称应该减掉不必要的修辞成分，或增加适当的功能性通名，以符合翻译语言成分

组合方式,并且有效迎合国外游客的欣赏心态与欣赏角度。例如:

大唐西市

Tang West Market

原文名称中的"大"在汉语中明显属于修辞成分,没有实际的规模大小含义,翻译时应省掉"大"。

四、建构主义视觉下旅游景点的翻译策略

由于中外文化差异与语言特征差异,从建构主义视觉角度进行旅游景点翻译,通常可以采用以下四个方面的策略。

(一)优化处理中外文化差异

建构主义视觉下的旅游景点翻译最起码要优化处理中外文化差异问题。因为各国文化背景不同,所使用的旅游文本题材规约也不同,翻译时必须首先熟悉两个国家的文本题材规约,灵活转换双方语言,尤其是包含特定文化背景的词语与句子,需要慎重选择对应词句,免得产生认知误会。如此才能保持文章原有的特色与魅力,获得国外游客较高的认同感,激发其参观欲望与兴趣,达到旅游宣传的最佳效果。这里重点介绍两种有效的处理中外文化差异的方法:一种是特色文化名词类比法,另一种是难度较高的语步文化信息释义法。

1. 特色文化名词类比法

当翻译旅游景点遇到一些国外游客难以理解的内容时,最好采用特色文化名词类比法,找到西方文化中差不多的事件或者人物等对应的内容,用于景点介绍,以此有效传递汉语文化信息,化解外国游客理解上的难度,增加其对国内景点的印象,从认知源头上产生一种亲近感。[①] 一般来说,当旅游景点文本中包含了著

---

① 杨丽华. 旅游语篇英译的建构主义翻译观[J]. 齐齐哈尔大学学报(哲学社会科学版),2013,(3):130-132.

名历史事件、名人名言、传统典故等时,如果采用直译法,肯定会导致国外游客一头雾水。因此,应该找到西方文化中类似的人物事件进行补充说明,启发游客,获得认同感,接受景点文化,有心观赏景色。例如:

(苏州)境内河流湖泊密布,京杭大运河纵贯南北,是著名的江南水乡。

With so many rivers and lakes in it and the Beijing-Hangzhou Grand Canal through it, Suzhou is renowned as "Venice of China".

2. 语步文化信息释义法

翻译旅游景点文章时不是按照原文逐字逐句逐段进行,而是根据原文梗概按照译者自己的意思,重新用英文表达出来,这就是语步文化信息释义法。我国很多旅游景点文章为了向国内游客宣传优势,在文章中运用了大量华丽辞藻与精彩排比结构,而这些冗余成分,翻译成英文,十分困难,如果一一对应翻译,必定造成更多的英语语言障碍或更多的文化差异误解。因此,只有减少冗余的华丽辞藻,变成简洁明了的语言,才能准确传递景点的实质信息,达到预期的宣传效果。

(二)进行思维方式的有效转换

中外游客参观同样的旅游景点,所得感受往往区别较大,其中原因有多种,但根本原因是二者所处的生活环境不同,人的处世观念有别,所知历史背景存在差异,所信奉的哲学信仰不同,从而导致二者思维方式不同。可以说,对旅游景点进行翻译的实质是科学转化两种思维方式,将本国景点信息,依据国外游客的思维方式,遵从国外语言的行文习惯,准确而巧妙地表达出来,达到宣传信息、吸引游客的最终目的。

对思维方式的转换主要涉及两种方法:第一,对语步中的意象进行翻译时,需要进行思维转换;第二,对语步进行逻辑重组时,应该进行思维转换。

第八章　文化转向视角下英汉人名、景点名称、数字的翻译

首先,我国几千年来受儒家、道家等传统文化的深远影响,善于具象思维,经常在说明问题与描述某件事物时,采用浅显易懂的比喻法及直观形象说明。在语言表达方面,也善于利用具体形象词语表达事物概念。相比之下,英语民族长期以来受古罗马传统文化与古希腊文化的熏陶,善于抽象思维,说话过程中往往使用介词和抽象名词,具有严密的逻辑性。这种差异导致汉语与英语翻译很难实现意与象之间的一一对应,需要转换处理,进行再创造,这样才能实现译文的表达习惯与表达方式。例如:

十渡景区,谷壁峭立,峰林叠翠,石美潭深,景致幽胜。

The area is full of steep mountains and cliffs, green peaks and forest, beautiful rocks and deep pools.

上述译文相对原文来说少了几分具象,变成一种简洁的客观描述。

其次,由于汉语中存在大量多义字、歧义句,而衔接手段没有英语那么多,形象变化也较少,很多旅游景点介绍语句对于国内游客来说易懂,而对国外游客来说却无法理解。因此,译者必须深刻理解原文,找到其中字、词、句、段的内在逻辑关系,进行恰当的逻辑思维转换,符合英语允许存在的逻辑关系,向国外游客宣传旅游景点的正确信息,创造最佳的经济效益。

(三)传递市场所需信息

旅游景点介绍类文章通常重在传递有效信息,唤醒游客的欲望,而我国宣传旅游景点的文章不仅要向游客传递实质信息,更要做大量精美的修饰,但将这些修饰成分翻译成英文,未必就是外国游客所乐于接受的。由于彼此文化背景不同,很多我们认为诱人的词语与典故,对外国游客来说却难以接受,因此在翻译时需要进行必要的信息取舍。具体来说,传递市场所需信息主要涉及两种情况:删除冗余的文化负载信息与增加必要的历史文化背景信息。

(1)删除冗余的文化负载信息。例如,原文中包含的主观情感成分与传统审美观等应该删除,以免游客读不懂而产生误解。

再如，国外游客始终接受的是西方文明教育，对中国历史文化不够了解，对于我们耳熟能详的神话、唐诗宋词以及每个朝代的历史等，几乎闻所未闻，如果进行简单粗略的翻译，必定会让外国游客摸不着头脑，显然缺少实际意义，因此应该进行删除或更改等处理。

（2）增加历史文化背景信息。对原文的翻译不是字对字的解释，而是将国外游客想要知道的信息尽可能呈现出来，尤其是对外国游客观赏所必需的信息进行补充性的解释。例如，语步中介绍的历史事件，应该补充该历史事件发生的年代、地点，人物的身份、生卒年代以及所做的重大贡献等内容，让游客对旅游景点及其重要历史事件有个完整的认识。一般情况下，对时间、地点、人名可以直接翻译，而要介绍某个历史事件，就需要结合国外游客的思维方式、情感需求以及生活环境，选择英文文章相应的词组与章节，翻译出国外游客乐于接受的语句，游客才能主动前往我国旅游景点参观，并且能在参观过程中获得真实感受，之后主动宣传景点，扩大景点知名度。

（四）改善语步结构

旅游景点介绍类文章符合国内游客的欣赏习惯，必然能吸引无数国内游客。但是如果按照汉语语言表达的习惯，采用保持原文意思不变、句句对应的翻译方法，得出的译文在外国游客眼里肯定十分别扭。因此，为了迎合外国游客的语言习惯，必须对旅游景点文章进行一定的改变，在保持原有文章整体结构的基础上，适当调整原文内容，得出合理的译文段落结构；也可以改写语步结构，直至译文完全符合目标语的习惯表达方式，让外国游客一目了然，接受景点宣传信息，从而提高景点的感染力与知名度。

改善语步结构的方法可以分为两种：改写句子结构与改写语篇结构。

（1）改变原文句子结构。汉语在介绍旅游景点时，往往使用大量修饰语，引经据典，成语与词组频频使用，句式结构简单，包

第八章　文化转向视角下英汉人名、景点名称、数字的翻译

含大量信息,写成扣人心弦的精美散文。翻译成英文时,其中的成语或词组难以找到对应英文词汇,只能根据英语形合原则,找到模糊对等的词组,调整原文语句结构,重新组合成精美的英文篇章。这样才符合国外游客的阅读习惯,激起游客的观赏欲望。这是改变原文句子结构的方法。

(2)改写语篇结构。不同体裁的旅游景点文本其使用的语步结构不同,而翻译之后所使用的文本结构也不一定相同。因此,必要时译者需要对原文的语步进行调整,以适合英文的体裁规约,而原文的语步信息与宣传内容依旧不变。在调整语步时,对于多余的信息可以适当删除,以最简洁、最优美的篇章吸引外国游客前往景点参观,并且尽可能留住游客的脚步。

总之,从建构主义角度出发进行现代旅游景点翻译,重在打造景点品牌,突显旅游景点的特征,迎合游客的欲望,满足其观光目的,提高景点经济效益与社会效益,实现品牌再创造,赋予景点更新、更强大的生命力,确保旅游经济的可持续发展。

第三节　文化转向视角下英汉数字的翻译

一、英汉数字对比

(一)"one"与"一"

无论是在英语中还是汉语中,数字"一"都是所有数字的第一个,被称为"万数之首"。正因如此,英语中的"one"与汉语中的"一"具有很多相同或相似的文化内涵,具体包括以下几个。

(1)都表示数字的开始和万物的本源。例如,西方毕达哥拉斯学派试图用数来解释一切,认为万物的本源是"one"。中国的老子在《道德经》中道:"一生二,二生三,三生万物。"老子认为,一

切事物中都含有"一"的成分和性质。

（2）都表示"同一""统一""一致"。例如，英语中的"one"有很多表示这些含义的说法，例如：

at one 完全一致

as one 一齐、一致

one and the same 同一个

汉语中也有"天人合一""万众一心"等说法。

（3）都用来表示"少"。英语中含有"one"的说法举例如下：

One flower makes no garland.

一朵花做不成花环。

One swallow doesn't make a summer.

一只燕子形不成夏天。

汉语中有"一针一线""一目十行""一叶知秋"等说法。

当然，英语中的"one"和汉语中的"一"也并非完全相同。首先，受基督教的影响，"one"具有"完整、专一"的象征意义。人们普遍认为，如果某个人是在1号出生，那么这个人就会天生具有独特的思维、敏锐的鉴别力和坚强的性格。

其次，在汉语中，"一"可以跟其他词搭配而产生新意，这时它就无法与英语的"one"相对应了。例如：

一旦 once

从一开始 from the very first

（二）"two"与"二"

1. 英语文化中的"two"

英语中的"two"既有积极含义，也有消极含义。

首先，在英语文化中，"two"代表着人与神的结合。例如：

Two's company, three's none.

两人结伴，三人不欢。

其次，英语中的"die"表示"死亡"，而 dice 是 die（骰子）的复数,因此"two"代表着一种不祥的含义。例如,毕达哥拉斯将"2"视为"不和、无序、变异、邪恶"的代名词;古罗马人将2月份定为祭献冥王的月份,将2月2日作为祭献亡灵的日子。

此外,由于两美元的钞票很容易让人联想到纸牌中的"2"或"deuce(厄运)",因此美国人常把两美元的钞票撕掉一角,期望以此来摆脱厄运。

2. 汉语文化中的"二"

在我国古代神话中,盘古开天辟地,将原始混沌一分为二,阳清为天,阴浊为地。在这种二元哲学观的影响下,中国自古以来就崇尚偶数、以偶为美、以双为吉。可见,在中国传统文化中,"二"是很受人们欢迎的数字。

具体来说,中国人在给孩子起名字时喜欢使用"双"或"对"。汉语中很多与"二""双""两"有关的成语也都寓意着吉利和美好,如"二龙戏珠""两全其美"。

此外,人们在传统佳节互赠礼物时往往送双份礼来表示对亲朋好友的诚挚祝福。中国的诗歌、春联和修辞都非常看重对仗、对偶、对称,中国建筑的布局也讲究对称,这些无不体现着汉民族对偶数的情有独钟(殷莉、韩晓玲,2007)。

当然,在中国传统文化中,"二"也有一定的负面含义。例如,说某人"真二",意思是"傻""不靠谱"。

(三)"three"与"三"

1. 英语文化中的"three"

在英语文化中,"three"这一数字备受尊重,而且文化内涵十分丰富。毕达哥拉斯认为"three"是一个完美的数字,表达"起始、中间和结果"之意。在美国,很多教堂被命名为"三一教堂"(Trinity Church),英国很多大学的学院被命名为"三一学院"(Trinity College)。总体来看,西方人十分喜欢"three",认为一切好事成于三。

例如：

The third time is the charm.
第三次肯定会有好运。
Number three is always fortunate.
三号运气一定好。

2. 汉语文化中的"三"

在中国传统文化中，数字"三"有着丰富的文化内涵。从数字本身来看，"三"是奇数，也是阳数。中国古人认为，宇宙是由"三维"构成的，因此在汉语中，有很多带有数字"三"的说法，如祭祀有"三牲"（牛、羊、猪），礼教中有"三纲"（君为臣纲、父为子纲、夫为妻纲），军中有"三军"（古为上、中、下三军）等。可见，在古代，人们视"三"为一个吉祥之数。在现代，人们通常认为"三"为满，如过去、现在、未来；开始、进行、结束等。

此外，"三"可与不同的数字搭配从而表示不同的含义。

（1）与"两"合用，表示"少"，如"三言两语""三三两两"。

（2）与"四"组成的成语多含贬义，如"丢三落四""说三道四""朝三暮四"。

（3）与"五"连用，表示"频繁，次数多"，如"三番五次""三令五申""三顾茅庐"。

（四）"four"与"四"

1. 英语文化中的"four"

在英语文化中，"four"主要有以下两个方面的文化内涵。

（1）象征厄运。西方人在结婚的时候都尽量避开周四，他们认为周四结婚不吉利，会带来厄运。

（2）代表不体面、猥亵。例如：

the fourth 第四（卫生间的隐晦说法）

four-lettered words 四字词组（指脏话）

第八章　文化转向视角下英汉人名、景点名称、数字的翻译

2. 汉语文化中的"四"

在汉语文化中,"四"有着褒义、贬义和中性不同的文化内涵。

首先,"四"这个数字被认为是表示吉祥的"玄数"。"四"在中国古代是一个整体且完整的概念,因此由"四"及其倍数"八"构成的习语多表示圆满、完美、通达以及广阔等意思,如"四海升平""四平八稳""四亭八当""语惊四座"。

其次,由于"四"与"死"构成谐音,因此会受到人们的厌恶,人们在日常生活中尽量避开"四"这一数字。尤其当与"三"连用时,大多表示贬义,如"横三竖四""不三不四"。

最后,"四"在汉语中作为一种概括性数字存在。例如,美食中有"四喜丸子",中药中有"四君子汤"。

(五)"five"与"五"

1. 英语文化中的"five"

英语中关于数字"five"的习语很少,西方人认为"five"是不吉祥的。英语中"five"的构词能力远不及其他数字那么多。但是,英语中与"five"有关的星期,即"Friday"在英语中却有很多用法和意义。例如:

Man Friday 男忠仆
Friday face 神色不佳之人
Girl Friday 得力助手(尤指女秘书)
Pal Friday 极受信赖的女秘书

2. 汉语文化中的"五"

在中国传统文化中,"五"是一个富有神秘色彩的数字,具有深远影响。"五"位于数字"一"至"九"的正中间,因而《易经》中称之为"得中",符合中华民族所提倡的中庸之道。所以,"五"这一数字象征着和谐。汉语中有很多与此相关的表达。例如:

五味：酸、甜、苦、辣、咸
五官：耳、眉、眼、鼻、口
五脏：心、肝、脾、肺、肾
五谷：黍、稷、麦、菽、稻

此外，"五"经常与其他数字并用，如"三五成群""五湖四海""五花八门"等。

(六)"six"与"六"

1. 英语文化中的"six"

在英语文化中，"six"一般被视为不详之数，人们往往避之不及。与"six"相关的说法大都含有贬义。例如：
six of best 一顿毒打
hit for six 彻底打败，完全击败

2. 汉语文化中的"六"

在汉语文化中，"六"可以说是一个颇受欢迎的数字，象征着吉祥、平安、顺利等。与"六"相关的说法几乎都有明显的褒义含义，如"六六大顺""六六双全""六合之内""六和同风"等。人们在挑选数字或号码的时候，也通常会将数字"六"作为首选。

此外，汉语中的"六"还可以用于概括性列举。例如：
六神：日、月、雷、风、山、泽
六行：孝、友、睦、姻、任、恤
六畜：牛、羊、马、鸡、狗、猪
六亲：父、母、兄、弟、妻、子

二、英汉数字文化翻译

(一)直译法

在英汉数字词的翻译中，直译法是最简单、最省力的方法，即

第八章　文化转向视角下英汉人名、景点名称、数字的翻译

保留原文中的数字直接进行翻译。例如：

Reach the sky in one step.

一步登天。

One day apart seems three autumns passed.

一日不见如隔三秋。

（二）替换法

由于中西方文化存在一定的差异，因此，英汉两种语言中的数字表达有时不完全对应。此时，译者可以根据具体情况转换原文的数字来进行翻译。例如：

in threes and fours 三五成群

Even I have nine lives I never dare offend him.

即使我有八个头也不敢去惹他。

七上八下 at sixes and sevens

（三）省略法

采取省略法翻译数字词汇就是将原文中的一些数字省略不翻译，以符合目的语的语言表达习惯。例如：

A small man, a big mind.

小个子，大才智。

She is a second Lei Feng.

她是雷锋式的人物。

一目十行 read rapidly

八音盒 musical(or music) box

（四）增词法

在实际的翻译过程中，有时可以在译文中增加一些数字，从而使译文表达更为形象、生动。例如：[1]

---

[1]　陈雪芬．英汉数字的文化差异及翻译方法[J]．文教资料，2007,(5)：185．

Enough, enough, my little lad! Such tears become thin eye.

童子无复道！泪注盈千万。

有了他们的帮助,我很快就解决了这个问题,还是人多智广啊。

Because of their help I soon solve the problem. That's two heads are better than one.

第九章　文化转向视角下英汉饮食、服饰、节日的翻译

饮食维持人类的生存,是人类社会不可或缺的物质动力。节日是一年中被赋予特殊社会文化意义并穿插于日常之间的日子,是人们丰富多彩的生活和社会活动的集中展现,还是国家、民族、各地区的政治、经济、文化等的总结和延伸。服饰不仅是一种物质文明,而且是一个民族的精神面貌、审美情趣以及文化素养的综合体现。可见,饮食、服饰、节日均蕴含着丰富的文化内涵。本章就对文化转向视角下英汉饮食、服饰、节日的翻译进行探究。

第一节　文化转向视角下英汉饮食的翻译

一、英汉饮食对比

(一)饮食观念对比

西方饮食观念同其整个哲学体系是相适应的。西方哲学的主要特点是形而上学,所研究的对象为事物之理,而事物之理常为形上学理,形上学理互相连贯,便结成形上哲学。这种哲学主张反映在西方饮食观念上就是特别讲求营养。西方饮食以营养为最高准则,特别讲求食物的营养成分,如脂肪、碳水化合物、蛋白质等含量是否搭配合宜,卡路里的供给是否恰到好处,各种营

养成分能否被充分吸收等。相比之下,味道就被忽视,即西方烹调不以味觉享受为首要目的。不管餐具如何讲究,用料如何细致,菜品如何搭配,从洛杉矶到纽约,牛排都只有一种味道。

中国有句俗话"民以食为天",因此中国人对于吃是非常看重的,这在人们生活的方方面面都有所体现。例如,中国人见面打招呼通常都会说"吃了吗?"等。

中国人的饮食观念以"情"为导向,早在先秦时期,人们就十分注重菜肴的色、香、味、形。千百年来,中国传统饮食观念始终具有浓厚的情感色彩,多是从食物的口感出发,以追求美味为前提。这在人们的日常言谈中也有所体现,如主人请客人吃饭时通常会客气地说一句:"菜做得不好,不知道合不合您的口味。"对于美味的追求,中国的烹调几乎达到了极致,不仅各大菜系都有自己的特色,就是同一菜系的同一个菜,所用配菜与各种调料的匹配也会依厨师的个人特点而有所不同,这也体现了中国食物的独特魅力。中国烹调的美味讲究各种配料、佐料的搭配,只有做到五味调和,才能称为美味佳肴。

(二)饮食对象对比

以美国为代表的国家主要以畜牧业为主,种植业较少,因此西方的饮食多为肉类或者奶制品,食用少量的谷物。西方的饮食往往是高热量、高脂肪的,但是他们讲究食物的原汁原味,汲取其中的天然营养。西方人的食材虽然富有营养,但是种类较为单一,制作也非常简单,这也是西方理性哲学思维的展现。

中国人的饮食与生存环境有着密切的关系。中国的饮食文化主要以种植业为主,畜牧业占小部分,因此中国人的饮食多为素食,辅以少量肉类。但是,随着中国经济的发展,中国的饮食对象逐渐扩大,食物的种类逐渐增多,烹调方式也五花八门。这些都使得中国人对于吃乐在其中,并且不辞辛苦地追求美食的创新,将美食文化发展到极致。

（三）饮食餐具对比

西方人通常喜欢大块牛肉、鸡肉，实行分食制，因此他们更喜欢用刀叉。可以说，对餐具的不同选择体现了中西方人对人与自然之间关系的不同观点，也是不同文化背景影响下的必然结果。

筷子是中国人进餐的主要餐具，此外汤匙、杯、盘、碗、碟等也是中国人常用的餐具。作为最具中国特色的进食餐具，筷子有着悠久的历史。先秦时期，筷子还没有出现，人们多用手来抓取食物。之后随着人们对食物进行烤制，这样便不宜用手直接抓食，需要借助树枝一类的工具的帮助，人们便逐渐学会使用竹条来夹取食物，这也是筷子最早的雏形。古代的筷子称作"箸"。根据相关研究表明，到了汉代之后人们才普遍使用筷子。

具体来说，中国人主张人与自然之间应保持一种和谐的关系，人们不能随意对自然加以改造，只能适应并利用自然的有利条件。此外，中国人安土重迁、固本守己，这使得他们的性格倾向于平和、宁静。而西方人认为人是自然的主宰，自然是人征服的对象，因此主张与自然相抗衡，如此才能生存下去。这种价值观导致西方人形成了进攻型的性格，喜欢开拓和冒险。反映在对餐具的使用上，中国人使用筷子时往往温文尔雅，对待食物很温柔，很少出现一些不雅的动作。而西方人在使用刀叉时简单粗暴得多。正如法国著名文学批评家、文学家和社会学家罗兰·巴特（Roland Barthes）所认为的，筷子不像刀叉那样用于切、扎、戳，因而"食物不再成为人们暴力之下的猎物，而是成为和谐地被传送的物质"。[①]

[①] 刘承华．文化与人格——对中西方文化差异的一次比较[M]．合肥：中国科学技术大学出版社，2002：74．

二、英汉饮食文化翻译

（一）西方饮食翻译

1. 菜名的翻译

西方人在烹饪菜肴时注重食物搭配，保证营养，因此与中式菜肴相比，西方菜肴种类很少，菜名也非常直白、简单，往往以国名、地名、原料名等来命名，如丹麦小花卷、牛肉汉堡等。

关于西方菜肴文化的翻译，人们的看法不同，有人认为应该意译，即用中国类似菜品的名字来替代。例如：

sandwich 肉夹馍

spaghetti 盖浇面

一些人认为这样的翻译是不妥当的，虽然中西方两种食物在外形上可能相似，但是味道、材料上明显不同。为了保证翻译的地道性，反映出西方菜肴的韵味，笔者认为应该将直译与意译相结合来翻译。例如：

potato salad 土豆沙拉

grilled chicken 香煎鸡扒

apple pie 苹果派

corn soup 粟米浓汤

2. 酒文化翻译

西方的酒文化有着悠久的历史，随着历史的积淀，西方的酒文化逐渐形成自身的特点。对于酒名的翻译，一般可以采用以下几种翻译技巧。

（1）直译法

有些酒名采用直译法进行翻译，可以实现较好的翻译效果。例如：

第九章 文化转向视角下英汉饮食、服饰、节日的翻译

Bombay Sapphire 孟买蓝宝石

Canadian Club 加拿大俱乐部

(2)音译法

在西方酒名的翻译中,音译法是最常见的方法,且主要适用于原有的商标名没有任何其他含义的情况。例如:

Vermouth 味美思

上例中"Vermouth"本义为"苦艾酒",因为其在制作过程中添加了苦艾叶,且以葡萄酒作为酒基,所以微微带有苦涩的味道,但是如果仅仅以其中的一个原料命名实为不妥,听起来给人以忧伤的感觉,且与葡萄酒香甜的味道相违背,故采用音译,改译为"味美思"更为恰当。再如:

Vodka 伏特加

Whisky 威士忌

Dunhill 登喜路

Hennessy 轩尼诗

Long John 龙津

Rum 朗姆酒

(3)意译法

意译也是西方酒文化翻译的常见方法。例如:

Pink Lady 粉红佳人

Amaretto Sour 杏仁酸酒

(二)中国饮食翻译

1. 菜肴翻译

(1)直译法

直译就是直接翻译,不同民族对饮食及其文化内涵会有很多相同或相似的认识,因此可以采用直译法进行翻译。实际上,我国菜品的英译方法绝大多数都是直译,因为这样会让食客一目了然。例如:

五色糯米饭 five-colored glutinous rice

小鸡炖蘑菇 stewed chicken with mushroom

鸡油卷 chicken-fat rolls

北京烤鸭 Beijing Roast Duck

杏仁鸡丁 chicken cubes with almond

(2)意译法

并不是所有菜名都可以采用直译策略进行处理,因为毕竟中西方文化存在诸多差异,很多词汇和表达方式在译入语中无法找到很好的对应表达。因此,意译也是非常重要的翻译策略。在翻译中国菜名时,有时可以完全意译,有时可以以意译为主,辅以一定的直译。例如:

玉饭禅师 stewed potatoes with mushrooms

蚂蚁上树 bean vermicelli with spicy meat sauce

木须肉 fried pork with scrambled eggs and fungus

雪耳氽袈裟 scaled white fungus with veiled lady

(3)音译法

伴随着中国在国际地位上的不断提高,大量具有中国特色的美食得到传播并为外国人所青睐,因此在翻译这类菜名时,译者可以进行迁移处理,即采用音译策略。例如:

馒头 Mantou

饺子 Jiaozi

包子 Baozi

汤圆 Tang Yuan

锅贴 Kuo Tieh

需要注意的是,由于我国很多菜肴的名字是以地名命名的,因此在翻译时也要把地名音译过来。例如:

洛阳酸汤 Luoyang sour soup

新乡甜汤 Xinxiang sweet soup

(4)注释法

注释也是饮食翻译的重要策略,译者可以通过注释帮助读者

更好地理解原文。例如:

开门红

Tender fish head with red pepper(Kaimenhong—literally means business opens with good) start

佛跳墙

Steamed abalone with shark's fin and fish maw in broth(Fotiaoqiang—Lured by its delicious aroma, even the Buddha jumped the wall to eat this dish)

(5)音译+注释法

有时候直接采用音译法会使读者很难理解菜名中所隐含的美食文化和魅力,此时可以采取音译加注释的策略。例如:

艾叶糍粑

Ciba—glutinous rice wrapped in artemisia argyi

油条

Youtiao—Deep fried twisted dough stick

豆汁儿

Douzir—Fermented bean drink

粽子

Zongzi—Pyramid shaped glutinous rice wrapped in reed leaves

2. 茶文化翻译

(1)茶名的翻译

中国茶文化历史悠久,而且茶的种类繁多,品种齐全,茶名更是各有渊源。有以产地命名的,如六安茶;有以茶形命名的,如君山银针;有以茶叶色泽命名的,如红茶、绿茶。在对茶名进行翻译时,可采用以下几种方法。

①音译法

在翻译以产地命名的茶名时,可直接采用音译法。例如:

龙井茶(浙江) Longjing tea

普洱茶(云南) Pu'er tea

②意译法

在翻译那些以茶形、功能命名的茶名时,可采用意译法。例如:

绿茶 green tea

红茶 black tea

茉莉花茶 jasmine tea

③音译+意译法

而由产地加茶类构成的茶名,在翻译时可以采用音译+意译的方法。例如:

信阳毛尖(河南) Xinyang green tea

婺源绿茶(江西) Wuyuan green tea

祁门红茶(安徽) Qimen black tea

安溪铁观音(福建) Anxi iron buddhist(Anxi oolong tea)

苏州花茶(江苏) Suzhou jasmine tea

(2)茶具的翻译

在古代,人们对茶具非常讲究,因为在古人看来茶具不仅仅是一个装茶的容器,它更体现着喝茶者的文化修养与身份地位。例如:

只见妙玉亲自捧了一个海棠花式雕漆填金云龙献寿的小茶盘,里面放一个成窑五彩小盖盅,捧与贾母。……然后众人都是一色**官窑脱胎填白碗**。

(《红楼梦》第四十一回)

Pao-yu watched the proceedings carefully. He saw Miao-yu bring out in her own hands a carved lacquer tea-tray in the shape of crabapple blossom, inlaid with a golden design of the "cloud dragon offering longevity." On this was a covered gilded polychrome bowl made in the Cheng Hua period(1465—1487), which she offered to the Lady Dowager. ... All the others had **melon-green covered bowls with golden designs of new imperial kiln porcelain**.

(杨宪益 译)

妙玉在招待客人时使用了不同的茶具,由此可以看出茶具的使用能折射出不同的身份地位。

对于茶具的翻译,文本不同,所采用的翻译方法也不尽相同。针对上述例句中的古代茶具,我们可以采用意译法,必要时还可以添加注释,所添注释主要是对茶具的产地、年代等进行说明,以凸显其珍贵价值。而对于现代茶具,可以采用直译法进行翻译。例如:

茶碟 tea saucer

茶壶 tea pot/tea kettle

茶匙 tea spoon

托盘 tea tray

第二节 文化转向视角下英汉服饰的翻译

一、英汉服饰对比

(一)着装观念对比

中西方在着装观念上具有较大差异。通常,西方人注重服饰的实用性,所以服饰都比较开放、随意,也有很多变化。相反,中国服饰具有浓厚的礼仪道德色彩,所以比较端庄、传统和保守。

1. 西方服饰体现了西方人开放的观念

西方人注重个性,体现在西方服饰上就是夸大自然,注重将人的第二特征展现得更为完美。比如,西方男士的服装会将胸部、肩部的宽阔凸显出来,同时凸显腿部的挺拔,以充分展现西方男性的风范。西方女士服装更在意对女性胸部与臀部的展现,并且收紧腰身,以充分展现女性的魅力。

可见，西方人将自身看成世界的主宰，所以突出以自我为中心，进而在服饰上更强调自身个性的彰显。

2. 中国服饰体现了中国人保守的性格

中国在几千年的发展中，始终是在自我保守、稳定的情况下前行的。中国古代哲学思想主要是儒家与道家理念的融合。儒家的礼、德约束和规范着中国人的服饰。道家则认为，人类最理想的状态是自然的，所以要求人们的服饰与自然相适应，展现出人与自然的和谐相融。中国人的服饰设计注重对人体的遮盖，而不是对自我的炫耀。另外，中国的服饰一般较为宽松，以免给人体和思想带来拘束之感。在中国传统家庭教育中，有专门一项是对服装行为的规范，直接影响着人们的着装习惯。中国传统服饰的设计宗旨——遮体，就代表了中国人严谨、一丝不苟的特点。

中国人对着装的严格要求，并不是为了漂亮和舒适，而是为了一种礼仪，即不仅要合乎身份，还要合乎场合。在中国古代的服饰制度中，就有对服饰的适用人群、款式、面料等的相关规定。

中国近代，国门被打开，西方文化涌入，受西方文化的影响，中国人开始接受中山装，这类服装也具有西式男装的特点。与西装相比，中山装体现的是中国人端庄与含蓄的性格特点，也是封闭、保守的体现。

(二)服饰礼仪对比

中西方在服饰礼仪上也存在诸多差异，并且西方的服饰礼仪要比中国的更加全面。

最典型的英语国家要属英国，其是世界上极为注重礼仪的国家之一。比如，英国人在参加宴会时，男士往往会选择着燕尾服，并佩戴礼帽，手撑雨伞或文明棍，女士往往着连衣裙或深色套装。

然而，同样以英语为母语的国家——美国，就是一个极度向往自由的国家,其在服饰方面也表现得较为随意。因此,在美国大街上,随意扫一眼就能看见牛仔裤、T恤这样的简单着装。

中国的服饰礼仪没有英国那样严格,但也有代表的服饰,如旗袍和中山装。随着时代的不断发展和进步,中国的服饰开始越来越多元化,有了中式服饰和西式服饰之分。

最能体现中国服饰礼仪的事情就是,当遇到红白事时,中国人会穿着不同的服饰。在红事即喜事中,新人往往选择穿红色服饰,目的是表达喜庆与红火之情。在白事即丧事时,中国人习惯穿白色服饰,彰显对逝者的尊重。

(三)审美基调对比

中西方服饰设计的审美基调有很大不同。通常,中国属于逍遥的审美观,其有着"气"的精神,西方则属于荒诞的审美观。

1."荒诞"审美基调

在很多人看来,"荒诞"是一种与传统审美标准不相符的形式表现。相对于中国的和谐,西方出现的"荒诞"极为出乎意料。确切地说,"荒诞"与"和谐"二者是彼此对立的。美的最佳形态就是和谐,所以服饰始终追求的一种审美基调就是和谐。然而,西方追求服饰的荒诞是如何产生的呢,其大概有两个原因。首先,随着历史的发展,和谐逐渐过渡到荒诞。其次,荒诞满足了西方审美追求向前发展的需要。具体而言,西方在追求服饰和谐的过程中,走入了山重水复的情境,此时需要一种新的表现形式的诞生,而荒诞正好就是这种形式。

大概从哥特时期,西方服饰追求的荒诞审美基调就已出现,之后出现的文艺复兴、洛可可等风格,也都体现了荒诞的审美。然而,真正将荒诞视作一种美来呈现,还是在美学上的存在主义出现之后。荒诞是一种为了表现而表现的意识,其中加入了很多形式美的要素,完全置于形式表现的氛围中。

自20世纪60年代以来,西方男士对服饰风格的追求不仅仅局限于阳刚与英挺,更追求柔性与颓废。进入20世纪70年代,出现了追求叛逆风格的"朋克风貌""海盗服"等,其对西方传统服饰风格带来了较大冲击。实际上,这些造型与款式均体现着西方服饰审美基调中的荒诞意识,在不经意中通过视觉与错觉,创造了各种新的形式,在荒诞中彰显了一种可爱。

20世纪80年代,后现代主义风格将冲突、凌乱、反讽等作为西方服饰的主题,产生了文身风潮、颓废造型等。20世纪90年代,受多元化与国际化的影响,服饰的荒诞风格也趋于多元化。荒诞的风格越来越成熟,并融入了各种形式的美。

在近代,西方荒诞审美的出现是和谐的一种走向,其是这一时代的代表与潮流。直到今天,这种荒诞审美并未被废弃,而是不断出现各种创新的形式。

2."逍遥"审美基调

通常,一提到"逍遥",我们就会联想到自由,但从庄子的理念来说,"逍遥"影响了中国的审美观。

对于中国古代的服饰,"逍遥"表达的是一种自由和精神中的"气",服饰的逍遥美与中国的"气"是紧密相连的。在中国古代文化中,仁、义、礼、智是人的本性,而人与制度达到完全契合时就会形成一种"随心所欲"之感,即自由。

在儒家思想看来,争是一种违背礼法的行为。道家也认为,人的美好源于本性的美好,无须外在掩饰,只需保持内心的气、意、神的结合,就能实现人与自然的合一。基于这种融合,方能达到一种超脱自然的逍遥姿态。因此,这种逍遥美就是中国服饰的审美基调。

中国服饰往往有着宽大的袖子与衣襟,并且注入了"气"的精神,所以显得更为逍遥。比如,唐装就充分体现了这一审美基调,体现了当时的大胆开放及逍遥之风。

尽管中国近代服饰在独创方面的风格较少,但逍遥之风仍然蕴含在人们的穿着与审美之中。

二、英汉服饰文化翻译

（一）西方服饰翻译

通常情况下,将西方服饰翻译成汉语时可以采用直译法。例如：
beret 贝雷帽
football shoes 足球鞋
cashmere 羊绒
down pants 羽绒裤
everyday clothes 便服
padded pants 棉裤
worsted 呢料

需要指出的是,这种方法较为直接,所以主要适用于中西方服饰中带有对应表达的形式。

（二）中国服饰翻译

大体来说,中国服饰翻译可以采用如下三种方法。
（1）直译法。例如：
因此心下闷闷的,早起来也不梳洗,只坐着出神。一时下了窗子,隔着纱屉子,向外看的真切,只见好几个丫头在那里扫地,**都擦胭抹粉,簪花插柳的**,独不见昨儿那一个。

（曹雪芹《红楼梦》）

So he got up moodily and sat there brooding, not even troubling to comb his hair or wash. Presently the shutters were taken down and through the gauze window he had clear view of the maids sweeping the courtyard. **All of them were powdered and rouged with flowers or willow shoots in their hair**, but he saw no sign of Xiaohong.

（杨宪益、戴乃迭 译）

(2)意译法。例如：

刘姥姥见平儿**遍身绫罗，插金带银**，花容月貌，便当是凤姐儿了。

（曹雪芹《红楼梦》）

Pinger's **silk dress, her gold and silver trinkets**, and her face which was pretty as a flower made Granny Liu mistake her for her mistress.

（杨宪益、戴乃迭 译）

那男孩子的母亲已有三十开外，穿件半旧的黑纱**旗袍**，满面劳碌困倦，加上天生的倒挂眉毛，愈觉愁苦可怜。

（钱钟书《围城》）

The toddler's mother, already in her thirties, was wearing an old black chiffon **Chinese dress**; a face marked by toil and weariness, her slanting downward eyebrows made her look even more miserable.

（珍妮·凯利、茅国权 译）

(3)改译法。例如：

琥珀拉着他（刘姥姥）说道："姥姥，你上来走，仔细苍苔滑了。"刘姥姥道："不相干的，我们走熟了的，姑娘们只管走罢。可惜你们的**绣花鞋**。别沾脏了。"

（曹雪芹《红楼梦》）

"Come up here, granny," urged Hupo taking her arm. "That moss is slippery."

"That's all right, I'm used to it," said the old woman. "Just go ahead, young ladies. Take care not to get your **embroidered slippers** dirty."

（杨宪益、戴乃迭 译）

第三节 文化转向视角下英汉节日的翻译

一、英汉节日对比

(一)价值取向对比

传统节日往往可以反映一个民族的价值观念和思维方式等,所以对中西方节日而言,西方节日文化主要体现的是个人主义价值取向,中国节日则主要体现的是集体主义价值取向。

在西方文化看来,人是一切活动的中心,每个人均为独立的个体,所以都应该被置于最重要的位置。西方人还特别注重发展人的个性和追求自由,突出个人意识和价值。尽管西方国家的一些传统节日也希望全家人团聚,如圣诞节、感恩节等,但是整体来看,西方节日更加侧重个人价值的挖掘与个人情感的释放。西方节日大都以欢快和娱乐为主基调,人们通常以过节之名,尽情享受个人欢乐。西方节日精神的主要内核有"狂欢""新奇""神圣""浪漫"等。

中华民族几千年的以血缘、地缘为纽带的社会关系决定了儒家传统文化的集体主义价值取向。集体主义价值观体现在中国传统节日上就是极强的家庭宗族观念和群体观念,很多节日都是以家族或家庭为核心的集体活动。例如,每逢春节、元宵节、中秋节等,在外工作的人都尽可能回家与家人团圆,围坐聚餐,共吃团圆饭、元宵、月饼。聚餐期间,晚辈会向长辈敬酒祝寿,长辈会为晚辈祈福祝吉,洋溢着团团圆圆、和和美美的节日氛围。再如,端午节会举行集体的龙舟赛活动,清明节会举行祭祀祖先的集体活动等。这些活动均体现了中国传统节日追求团圆、尊长、和谐等的文化价值观,体现了中国文化的浓浓韵味。

(二)表现形式对比

中西方节日在表现形式上的最大区别是节日性质的不同,即西方多为单一性节日,中国多为综合性节日。

西方节日因为推崇"人性""个体价值",追求个人主义价值观,所以西方节日文化越来越注重单一的娱乐精神。西方虽然也有一些综合性质的节日,如圣诞节,但是相对来说,单一性质的节日更多。

相反,中国传统节日是一种综合文化现象,一般会集热闹、怀念、娱乐、祭祀等于一体。例如,清明节最初是农事节日,后来逐渐发展为与祭祀、禁忌以及郊游、踏青等活动相汇合的综合性节日。再如,春节是中国影响最大的综合性节日,人们在春节期间会有祭神、祭祖、游览庙会、拜年、走亲访友等各种活动。

(三)重要节日对比

1. 圣诞节与春节

中西方两个最为重要的节日分别是圣诞节和春节。

西方的圣诞节在西方传统节日中的重要性与中国的春节不相上下。圣诞节为每年的12月25日,是西方人纪念耶稣诞生的日子。在圣诞节这一天,人们会举行非常盛大的圣诞晚会,围着圣诞树祈祷、唱颂歌等。人们还会互换礼物,父母和孩子会分享彼此的生活乐趣,向家人表达爱和祝福。

中国最隆重、最热闹的节日一定是春节。在除夕之前,很多在外工作的人,不管路途多远,都尽可能赶回家与家人团聚,共同迎接新的一年。在过春节期间,民间会举行各种活动,如舞龙舞狮、贴春联、挂红灯笼和年画、放鞭炮、拜年等。

圣诞节和春节的相同之处是都和家人团聚并共同庆祝,其不同之处则有很多。例如,在中国,家家户户都会在除夕(大年三十)准备一桌丰盛的晚餐,用于庆祝一年的丰收;西方则会通过参与一些娱乐活动来庆祝,因为相比可口的饭菜,他们更看重健康与快乐。再如,中国在过春节期间,会用红色装饰房屋和院落,穿红色的服饰,贴红对联、挂红灯笼、放红色的爆竹等。总之,红色是春节的主色调,预示日子红红火火。西方在过圣诞节时,会用红、绿、白等颜色装饰一切事物,如红色的圣诞服饰和蜡烛,绿色的杉、柏圣诞树以及五颜六色的彩灯和纸花等。

2. 情人节与七夕节

2月14日是西方的情人节。在这一天,西方国家随处可以见到鲜花和巧克力。玫瑰代表爱情,这是众所周知的。在古希腊神话,玫瑰是美神的化身,是一种用于表达爱情的通用语言。在情人节这一天,鲜花和巧克力散发的香气弥漫于西方国家的大街小巷。并且,一些男士会选择在情人节这一天向女友求婚。

在中国,也有一个节日类似西方的"情人节",那就是每年七月初七的七夕节。年轻女孩都会在七夕这一天畅想自己的爱情。在中国古代,七夕的夜晚,姑娘们会坐在一起看天上的牵牛星和织女星,幻想着牛郎与织女在鹊桥相会的场面,祈求智慧和巧艺,并且期盼得到美好的姻缘。随着时代的变迁,现代人的生活理念也发生了巨大改变,所以每逢七夕节,一些情侣会共进晚餐、逛街、看电影,送巧克力和玫瑰给对方。可见,如今中国人庆祝七夕节的方式越来越接近西方的情人节。

二、英汉节日文化翻译

(一)西方传统节日翻译

对西方的传统节日,一般采用直译法或意译法进行翻译。例如:

April Fool's Day 愚人节
Christmas 圣诞节

Christmas Eve 圣诞前夕
Easter 复活节
Father's Day 父亲节
Halloween Day 万圣节
Mother's Day 母亲节
St. Valentine's Day 情人节
Thanksgiving Day 感恩节

(二)中国传统节日翻译

1. 直译法

直译即按照字面意思直接进行翻译。中国很多传统节日都可以运用直译法翻译成英语。例如：
中秋节 the Mid Autumn Festival
元宵节 the Lantern Festival
元旦 New Year's Day
教师节 Teachers' Day
国庆节 National Day
国际劳动节 International Labor Day

2. 音译法

音译即将一种语言的语词用另一种语言中跟它发音相同或近似的语音表示出来的翻译方法，简单地说，就是以音代义。在翻译中国传统节日时，音译法的使用频率也很高。例如：
中元节 the Zhong Yuan Festival
清明节 the Qing Ming Festival

3. 直译＋解释性说明

有时，为了更好地被译语读者所理解，译者需要在直译的基础上，辅以解释说明性的文字。例如：

七夕 Double Seventh Day(Chinese Lover's Day with the story of head-boy and weaving-girl)

重阳节 Double Ninth Day(a festival to show respect for the old)

4. 沿用已有翻译

不少节日的翻译早已得到大多数人的认可,所以无须再改变。例如,春节可以被译为"Spring Festival",也可以被译为"the Chinese Lunar New Year",但是第一种译法更为常用,因为其更加符合中国特色,更为人们所认可。

第十章　文化转向视角下英汉颜色、动物、植物的翻译

色彩、动物与植物都与人类生活息息相关，是人类认识世界、认识自然的重要领域。颜色词、动植物词不仅具有物理属性，而且往往蕴含深刻的意义。由于中西方历史背景、风俗习惯、审美心理等具有很大差异，颜色词和动植物词所蕴含的文化意义也会有所不同。只有弄清楚这些差异，才能更顺利地进行翻译。

第一节　文化转向视角下英汉颜色的翻译

一、英汉颜色文化对比

（一）"red"与"红"

1. 英语文化中的"red"

在英语中，"red"主要有以下几种含义。

（1）代表流血、暴力、危险。在西方人心目中，红色是鲜血的颜色，由于西方人视鲜血为"生命之液"，一旦鲜血流淌出来，就意味着生命的凋零，因此西方人常将红色与流血、暴力、恐怖等联系在一起。例如：

a red battle 血战

red alert 空袭报警

(2)代表赤字、亏空、负债。西方人在记账或结算财政收支时,为了达到醒目的目的,习惯用红笔登记净收入为负数的损益表,因此"red"就有了亏空、负债等引申含义。例如:

red ink 赤字

in the red 亏本

(3)表示欢迎、庆祝。除了贬义含义,"red"在西方文化中也有褒义含义,甚至具有尊贵的象征意义。例如,在迎宾礼中迎接其他国家的首脑时,西方国家常在地上铺红毯,以象征对方的尊贵,表示欢迎和敬意。例如:

red-letter day 喜庆日子

pain the town red 狂欢畅饮

roll the red carpet for sb. 隆重欢迎某人

2. 汉语文化中的"红"

红色在中国人心中是备受欢迎的颜色,是当之无愧的中国色。中国人喜爱红色一方面是因为红色本身的鲜艳和亮丽,另一方面是因为红色有着深层的象征含义和文化内涵。

(1)象征吉祥、喜庆。红色与太阳有关,是太阳的颜色,而太阳给予人类温暖和生机。因此,中国人喜欢用红色来象征幸福、吉祥、喜庆和彩云,常在重大或特殊的节日用红色来装点以增添喜庆的气氛。

(2)象征顺利和成功。红色是火的颜色,而火常使人联想到红红火火、蒸蒸日上,因此红色就有了"顺利、成功"的象征意义。例如:

一炮走红:演员迅速走红。

满堂红:各方面都取得好成绩或到处都很兴旺。

开门红:在一年开始或一项工作开始时就获得显著的成绩。

分红:分享红利。

(3)象征革命。由于红色是血与火的色彩,因此红色还用来代表革命,这体现了红色的政治色彩,如"红军""红色政权"。

(4)象征美貌、健康。红色可以代表美貌,多指女性,古代汉语中称年轻美貌的女子为"红颜""红袖"。

(5)象征羡慕、嫉妒。除具有上述褒义含义外,红色也有贬义含义,象征羡慕、嫉妒。例如,"眼红""红眼病"就表示羡慕、嫉妒,是指看到别人的好东西或者看到别人获利时就非常羡慕或者嫉妒,甚至想占为己有。

(二)"black"与"黑"

1. 英语文化中的"black"

英语中《朗文当代高级词典》(*Longman Dictionary of Contemporary English*)中将"black"定义为:夜晚或煤炭的色彩(the dark color of night or coal)。

与汉语中的"黑"相比,英语中的"black"有其自身独特的内涵。具体来说,"black"象征着魔鬼与不幸,因此"black"在西方人的眼中是一种禁忌颜色,与此相关的表达大多含有贬义。例如:

the future looked black 前景暗淡

black sheep 败家子

black in the face 脸色铁青

此外,与英语中的"red"代表赤字相反,西方人习惯用黑色字体来标注盈利的数字,因此"black"还有盈利的意思。例如,in the black 就表示"盈利、有结余"。

2. 汉语文化中的"黑"

对于"黑",《说文解字》中是这样定义的:"黑,火所熏之色也。"《辞海》也对其进行注释,将其解释为煤炭一般的颜色。

在中国古代,黑色是尊贵的代表,也是铁面无私、阳刚正义的化身,这里的黑色具有褒义含义。此外,在戏剧脸谱中,黑色象征着憨直与刚正不阿,如包拯、李逵的形象。

由于黑色本身有黑暗的意思,因此在日常生活中,人们往往将黑色与黑夜联系起来,并且往往会表现出无助与恐怖;一看到黑色的动物,人们也往往会厌恶。

(三)"yellow"与"黄"

1. 英语文化中的"yellow"

在英语中,"yellow"的含义含有贬义色彩,常用来表示胆怯的、卑鄙的、靠不住的、妒忌的、(报刊等)采用耸人听闻手法的/做低级渲染的等。例如:

yellow alert 空袭、预备警报
yellow looks 可怕的脸色,诧异的眼神
yellow dog 卑鄙的人
yellow-livered 胆小的

2. 汉语文化中的"黄"

在中国历史上,黄色被视作神圣、正统的颜色,其文化内涵大致有以下几种。

(1)代表尊贵、皇权。在我国古代,土地是人们的主要生活依靠,而土地的颜色就是黄色,因此黄色备受人们尊崇。例如,汉语中有"黄土地""炎黄子孙"等说法。此外,在历史上,黄色还是帝王的专属色彩,有"黄袍""黄榜"等说法。

(2)代表稚嫩、幼稚。例如,"黄口小儿""黄童白叟""黄毛丫头"等。

(3)代表色情淫乱。这种代表意义源自美国的《黄色孩童》(*The Yellow Kid*),其中涉及了很多低级趣味的内容。进入中国后,人们将这些新闻称为"黄色新闻",此后黄色就被赋予色情淫乱等含义,随之很多与之相关的词语应运而生。例如,"黄色电影""黄色书刊""扫黄""黄色小说"等。实际上,英语中的"yellow"

本身并不表达"色情"的含义,英语中真正表示色情含义的色彩词是"blue"。

(四)"green"与"绿"

1. 英语文化中的"green"

在英语中,"green"代表多层含义。
(1)代表新手、幼稚、不成熟、没有经验等。例如:
green hand 新手
as green as grass 无生活经验的
(2)代表绿色、新鲜、青春、有活力。例如:
green meat 鲜肉
in the green wood 青春期
(3)代表金钱、钞票。例如:
green back 美钞
green power 财团
(4)表示嫉妒。例如:
green with envy 嫉妒

2. 汉语文化中的"绿"

在汉语文化中,绿的含义大多与其本义有关,即象征着清新和勃勃的生机。例如,朱自清在散文《绿》中写道:"那醉人的绿呀,仿佛一张极大极大的荷叶铺着……"。这里朱自清用"醉人"一词来形容绿色。

不过,在汉语中,绿色还有一个不光彩的含义,如"绿帽子"指丈夫的妻子出轨。

此外,在生态领域,经常会出现与"绿"相关的表达,如"绿色蔬菜""绿色无污染""绿色出行""绿色通道"等。

第十章　文化转向视角下英汉颜色、动物、植物的翻译

（五）"blue"与"蓝"

1. 英语文化中的"blue"

"blue"在西方文化中的含义褒贬共存,具体来说有以下象征意义。

（1）象征色情,这与中国文化中的"黄色"所代表色情的含义相同。例如:

blue talk 下流言论

blue video 黄色录像

（2）象征高贵、得宠。在英语中,蓝色可象征地位的高低以及人们对某事物的热衷。例如:

blue ribbon 最高荣誉的标志

blue-eyed boy 宠儿、红人

（3）象征情绪低落。在英语中,蓝色还表示人情绪的低落。例如:

to look blue 神色沮丧

to feel blue 闷闷不乐

2. 汉语文化中的"蓝"

在中国文化中,蓝色的象征意义并不多,多象征"依据",如"蓝本""蓝图"等。"蓝本"原指书籍正式付印前为校稿审定而印制的蓝色字体的初印本,后来专职撰著、改编等所依据的底本、原稿。"蓝图"原指设计图纸,现喻指建设所依据的设计、规划以及人们对未来的设想等。

二、英汉颜色文化翻译

（一）直译法

英汉语言中很多表示事物的颜色词有着相同的特征,这些颜

色词在形式上完全对等,此时就可以采取直译的策略。例如:

black humour 黑色幽默
green card 绿卡
red rose 红玫瑰
black list 黑名单
white flag 白旗
white-collar workers 白领阶层
绿叶 green leaves
红旗 red flag
The boy flushed red with shame.
这个男孩羞红了脸。

(二)直译加注释法

一些颜色词在直译后仍无法将源语的意思清楚、准确、完整地再现出来,这时就要增加注释进行翻译。例如:

yellow ribbon 黄丝带(表达希望某人安全归来的愿望)
white paper 白皮书(西方国家发布的正式文件)
在他们分别的前一天,他送给她一颗红豆。
On the day before their departure, he gave her a red bean, which is a token of their love and remembrance.

(三)增译法

在翻译过程中,有时原文中虽然没有直接使用颜色词,但是可以根据译文的表达需要以及原文意义,适当增补颜色词。例如:

infrared rays 红外线
make a good start 开门红
重要的日子/节日 red-letter day
火灾 red ruin
血战 red battle

(四)意译法

有时候,英汉语中的一部分颜色词无法进行直译,也无法替换颜色词进行翻译,此时可以进行意译,以便更准确地表达本意。例如:

白面(儿) heroin/cocaine

红运 good luck

a black look 怒目

She is green with jealousy.

她醋意大发。

我们必须赤胆忠心为人民。

We must serve the people with utter devotion.

第二节 文化转向视角下英汉动物的翻译

一、英汉动物文化对比

(一)"dragon"与"龙"

严格来说,"dragon"与龙只是字面意义相同,实际上西方的"dragon"与中国的"龙"所指的并不是同一个事物。因此,如今通常将中国人引以为傲的"龙"翻译为"Chinese dragon",以区别于英语中的"dragon"。

1. 英语文化中的"dragon"

西方神话中的"dragon"是一种凶悍怪物,形状巨大,身上有鳞,有脚爪,有翅膀,口中能喷火,拖着一条长长的蛇尾,替魔鬼看守财宝。在一些描写圣徒和英雄的传说中讲到和龙这种怪物进行斗争的事迹,也多以怪物被杀为结局。总之,"dragon"在英语中是指一种没有"地位"的爬行动物,是西方人心目中凶恶而丑陋的象征,如人们通常用"dragon"称呼那些可恶的专门打人的警察。

2. 汉语文化中的"龙"

汉语文化中,龙享有着极高的地位,可以说是中华民族的标志。它经历了上千年的演变和发展,不断被注入新的内容,形成了我国今天的龙文化。

"龙"反映了中国古人对自然的敬畏。在远古人类的生活中,有太多的东西不被人们所理解,也有太多的东西使人们感到畏惧与无助。于是,人们就以现实的生物和自然天象为基础,将自己对外部世界的畏惧、疑惑、想象、崇拜等,都贯穿和体现到一种模糊又集合的概念中,而这就是龙的雏形。在中国古人的心目中,龙是一种法力无边的神,它既可以呼风唤雨,也可以主宰自然。

正因如此,在中国封建社会中,龙就被统治者所借用,成为皇权和至高无上的代表。汉朝以后,龙成为帝王的象征,与帝王有关的事物也被冠以"龙"字,如"龙椅""龙床""龙体""龙颜"。

如今,龙已经成为吉祥的象征,在民间也有着深厚的文化积淀。中国人以自称"龙的传人"而自豪,汉语中也衍生出了很多带有"龙"字的成语,如"蛟龙得水""真龙天子""龙吟虎啸"。

(二)"snake"与"蛇"

1. 英语文化中的"snake"

在西方文化中,从开始有文字记载起,蛇就背负着负面的形象。在《圣经(旧约)创世》中,蛇是"原罪"的象征。在古希腊神话中,蛇也是以一种恶毒形象出现。总之,蛇在西方就是魔鬼与邪恶的象征,带有狡猾、恶毒、邪恶的形象。[①] 很多与蛇相关的说法

---

① 阎传海,张梅娟. 英汉词汇文化对比研究[M]. 西安:西安交通大学出版社,2008:116.

第十章 文化转向视角下英汉颜色、动物、植物的翻译

都含有贬义,例如:

a snake in the bosom 恩将仇报的人

snake oil 指没有用处的建议或者解决方法

a sheer cold-blooded reptile 一个彻头彻尾的冷血恶魔

2. 汉语文化中的"蛇"

在传统汉语文化中,蛇的形象是毁誉参半的,既有积极形象,也有负面形象。总体来说,蛇的积极形象是较受人们肯定的。中华民族的原始图腾崇拜——龙的形状在很大程度上就是受蛇的形状的影响。汉文化关于华夏民族的起源的多种记录中都不约而同地提到了人面蛇身。在中国神话传说《白蛇传》中,蛇也是一种追求美好生活的生灵,被赋予极大的同情心。

不过,由于蛇形状特异,再加上其令人恐惧的蛇毒,使人不由地产生敬畏心理,因此在中国传统文化中,人们很容易把蛇与各种负面含义联系起来。汉语中很多与蛇有关的成语也都含有贬义,如"蛇蝎心肠""毒如蛇蝎""虚与委蛇""佛口蛇心"。

(三)"wolf"与"狼"

狼是一种分布广泛的杂食性食肉动物,它生性狡诈,常攻击人类所饲养的家畜,有时甚至攻击人类,因此一提到狼,人们总会联想到危险、破坏甚至邪恶。可以说,在英汉两种文化中,狼都是一种不太光彩的角色。

1. 英语文化中的"wolf"

《牛津高阶英汉双解词典》(2001)对"wolf"是这样解释的:"A fierce wild animal of the dog family, usually hunting in packs."整体上来看,英语中的"wolf"与汉语中的"狼"都含有"残忍而贪婪"的特征。具体来说,"wolf"在英语文化中的含义主要有以下几点。

(1)象征着饥饿。例如,短语 to have a wolfish appetite(有着像狼一样的胃口),wolf down one's food(像狼一样吞咽食物吃东

西,比喻吃饭特别快又特别猛),to have a wolf in one's stomach(比喻饿极了,能吞下一头狼)。

(2)指追逐、玩弄女性的无耻之徒。男子为挑逗女性吹的口哨称为 wolf whistle。

(3)指贪婪,凶狠的坏人形象。例如,as greedy as a wolf(像狼一样贪婪)。

(4)形容勇敢、有骨气、有智慧的。例如,Be the father of a wolf or a bear, if only the man himself is a man.(人只有成为真正的男子汉才称得上狼熊之父。)

2. 汉语文化中的"狼"

《说文解字》中这样描述狼:"似犬,锐顶,白颊,高前广后,从犬良声。"此外,《现代汉语小词典》中这样解释狼:"哺乳动物,形状和狗相似,昼伏夜出,性残忍而贪婪,伤害人畜。"汉语文化中有很多关于"狼"的成语和熟语。例如:"豺狼成性""引狼入室""狼奔豕突""狼心狗肺""狼子野心""豺狼之吻"。

具体来说,在汉语文化中,"狼"的联想意义主要有以下几个。

(1)比喻大口吞食、咀嚼的样子。例如,"狼吞虎咽""狼吞虎噬"等。

(2)形容慌乱、逃窜的场面。例如,"狼奔鼠窜""狼奔兔脱""狼奔鼠偷"等。

(3)形容凄厉、恐怖、狂呼的场面。例如,"鬼哭狼嚎""狼嗥狗叫"等。

(4)形容窘迫、尴尬、混乱的场面。例如,"狼狈不堪""狼藉"等。苏轼《赤壁赋》中"肴核既尽,杯盘狼藉"就是指菜肴和果品将食用尽,杯子和盘子无序地摆放着。

当然,在汉语文化中,狼也不全是贬义含义。例如,《狼图腾》是 2004 年长江文艺出版社出版的图书,这里的狼就代表着一种顽强、勇敢、永不屈服的精神。"与狼共舞"这一成语也体现了人与狼之间的和谐相处。再如,中国有一家服装公司的名字就是

第十章　文化转向视角下英汉颜色、动物、植物的翻译

"七匹狼",这里狼也是以一种积极向上的面貌出现的。

(四)"bull"与"牛"

在英语国家,牛不被认为是农家宝,而是一种食物。他们眼中的牛有着满身的缺点。例如:

like a bull at a gate 凶悍、狂怒

a bull in a china shop 闯祸的人、鲁莽的人

throw the bull 说胡话、胡言乱语

John Bull 约翰牛,鲁莽的人、躁动不安的人

中国是一个农业大国,有着历史悠久的水稻历史,牛对于人们的感情颇深,被人们认为是农家宝。在"牛郎与织女"这一民间传说中,讲述了牛与牛郎相依为命,为主人的幸福奉献自己的故事。

另外,牛还有着忍辱负重的意思,如"孺子牛"被视为甘于为人们奉献的人。虽然也有"牛脾气"这样的说法,但是只能说这是一个中性的意思,牛的形象在中国人的心中非常高大。

(五)"bat"与"蝙蝠"

在西方的传说中,"bat"是一种邪恶的动物,往往与黑暗有着密切的关系。英语民族一提到"bat",往往会联想到"vampire",即吸血蝙蝠。传说中的"vampire"会在夜间离开墓地,去吸食人们的鲜血,让人们非常恐惧,因此人们对它非常厌恶。英语中很多表达都表明了这一点。例如:

crazy as a bat 如同蝙蝠一样疯狂

as blind as a bat 如同蝙蝠一样瞎

在汉语民族中,由于蝠与"福"字的发音相同,因此被人们认为是健康、幸福的代表。在中国的很多传统画作中,蝙蝠与鹿往往被放在一起,意味着"福禄",代表荣华富贵,保佑人们能够福禄安康。同时,因为"红蝠"与"洪福"谐音,所以红色的蝙蝠更为吉利。

(六)"magpie"与"喜鹊"

在英语中,"magpie"象征着唠叨、饶舌,同时代表杂乱与混杂。例如:

Lucy kept muttering like a magpie.

露西像喜鹊一样在那吵闹。

Andy is a magpie.

安迪是一个饶舌的人。

to magpie together 鱼龙混杂

a magpie collection 大杂货堆

在汉语中,喜鹊代表吉祥,它的叫声能够给人们带来喜讯。例如:

晴色先从喜鹊知

鹊声喧日出

破颜看鹊喜,拭泪听猿啼。

二、英汉动物文化翻译

(一)直译法

当英汉动物词汇的表达形式和文化内涵相同时,即当英汉动物词汇表示的事物、人物及其形象、品质相同或相似时,可以保留原文的动物形象进行直译。例如:

barking dogs do not bite 吠犬不咬人

as faithful as a dog 像狗一样忠诚

(二)意译法

当保留动物形象直译和改变动物形象套译都行不通时,译者不妨舍弃原文中的动物形象,直接将原文含义翻译出来,即意译。例如:

top dog 最重要的人物

be like a bear with a sore head 脾气暴躁

Dog does not eat dog.

同类不相残。

(三)套译法

当源语动物词汇与目的语对应词汇的文化内涵不同时,可用目的语中具有相同文化内涵的其他动物词汇来翻译。例如:

teach a pig to play on a flute 赶鸭子上架

Don't believe him, he often talks horse.

不要信他,他常吹牛。

第三节 文化转向视角下英汉植物的翻译

一、英汉植物文化对比

(一)"plum"与"梅花"

1. 英语文化中的"plum"

在英语中,"plum"既指梅花或李子,也可指梅树或李树。在西方文化中,梅树表示忠诚;在英美国家俚语中,"plum"表示奖品、奖赏。现在,"plum"还是美国国会常用的委婉语。例如:

His new job is a fine plum.

他的新工作是件美差。

2. 汉语文化中的"梅花"

梅花原产于中国,是中国的传统花卉之一,在汉语文化中有着崇高的地位。由于梅花开于寒冬时节、顶风冒雪,因此其历来为我国文人所推崇,中国人将梅视为坚毅、高洁的化身,认为其是奋发顽强品质的象征。毛泽东曾以"梅花欢喜漫天雪,冻死苍蝇未足奇"来赞美中国人民像梅花一样不惧严寒与风雪斗争的无畏气概。在中华民族以花咏情的诗词中,以梅花为主题的诗词数量远远超过了其他花的数量。例如:

早梅
唐·张谓
一树寒梅白玉条,迥临村路傍溪桥。
不知近水花先发,疑是经冬雪未销。

卜算子咏梅
毛泽东
风雨送春归,飞雪迎春到。
已是悬崖百丈冰,犹有花枝俏。
俏也不争春,只把春来报。
待到山花烂漫时,她在丛中笑。

(二)"apricot"与"杏"

在英语文化中,"apricot"寓意并不丰富,其通常指代"杏""杏树"和"杏花"。

在中国古代民间,人们往往用杏林与医生世家作比,这主要源自三国时期,一位著名的医者治病不花钱的故事,只要求治愈的病人为他种植一棵杏树。多年之后,杏树达到数万株,逐渐形成杏林。因此,后人称颂医家时往往会用"誉满杏林""杏林春满"等词语。

此外,在汉语文化中,杏的象征意义十分丰富。杏花妩媚、妖艳,代表着春意。杏的联想意义在汉语诗词中也十分常见。例如,"春色满园关不住,一枝红杏出墙来""一段好春藏不住,粉墙斜露杏花梢"就是很好的诠释。

第十章　文化转向视角下英汉颜色、动物、植物的翻译

(三) "laurel" 与 "桂树"

在英汉语言中，"laurel"与"桂树"都代表殊荣、荣誉。英语中的"laurel"源于"laurus"这一拉丁语。据说，古希腊、古罗马人用桂树枝叶编成冠冕，授予英雄或者体育、音乐等竞赛的获胜者，后来成为欧洲的一种习俗。汉语中也是如此，古代的乡试于农历八月举行，这时候正好是桂花开放的时节，因此将考中的考生称为"折桂"；登科及第的人则称为"桂客""桂枝郎"。

除了上面的寓意外，汉语中的桂树往往与神仙联系在一起。在众多的神话传说中，桂花树是长生不老的仙树。"月桂"的传说已经有悠久的历史。在文人墨客的笔下，桂花被称为"木樨花"，代表超凡脱俗的气质与品格。

(四) "thorn" 与 "荆棘"

英汉语中的"thorn（荆棘）"都有着困难、障碍的意思。英语中的"But O, the thorns we stand upon."（但是，我们的处境充满了荆棘）就是典型的代表。汉语中也有"披荆斩棘"的说法，比喻扫清各种障碍与困难，用于指代奋勇向前、不畏艰险的性格。

除了这一层含义外，汉语中的荆棘还可以指代道歉赔礼。最有名的例子就是廉颇、蔺相如的故事。战国时期，廉颇、蔺相如同朝为官，蔺相如因为功劳大，被封为"上卿"，官居于廉颇之上，廉颇不服气，想要侮辱蔺相如，蔺相如为了国家的利益，不与之计较，后来廉颇明白了实情，负荆请罪。

(五) "peach" 与 "桃"

在英汉语言中，"peach（桃）"都可以用来比喻美貌、美人。英语中有"a real peach（一位美人）"这一习语。汉语中有"人面桃花相映红"的说法，用桃花比喻美人。除了这一共同意义外，英语中的"peach"还可以表达"吸引人的事物、极好的事物"的意思。例如：

a peach of a room 漂亮的房间

His wife is an absolute peach.

他太太真是位美人。

汉语中桃的寓意十分广阔。

(1)桃可以代表长寿,如众所周知的王母蟠桃盛宴,据说吃了王母的仙桃可以长生不老。

(2)从汉代开始,人们认为用桃子制作的物品,如桃板、桃剑等都可以驱邪。

(3)桃可以表达一种人们对安定生活的向往,如陶渊明笔下的"世外桃源"就是这个意思。

(4)桃还可以表达男女爱情,如"桃花运"指的是男子在爱情层面的运气。

二、英汉植物文化翻译

(一)直译法

英汉语中很多植物词都可以用来喻指同一事物,因此在翻译这类植物词时,可采取直译法,忠实地传递原文的意义,做到形式与内容的统一。例如:

laurel wreath 桂冠

peachy cheeks 桃腮

Truth and roses have thorns about them.

真理如玫瑰,全身都带刺。

(二)直译加注法

由于英汉民族的生活环境、历史背景等方面存在很大的差异,有时译入语读者可能无法对源语中的植物形象产生固定的认知。在翻译这类植物词时,可在直译的同时对源语的文化意义加以阐释,从而使译入语读者更好地理解原文所传递的信息。

例如：

A rolling stone gathers no moss.
滚石不生苔。（改行不聚财。）
竹篮打水一场空 to draw water with a bamboo basket—all in vain

(三) 套译法

有些中西方植物词的形象意义不同,但是其所蕴含的文化内涵一致或相近,这时可改变原文的植物形象进行套译,使译文在语义、文化、美学方面与原文达到对等。例如：

as red as a rose 艳若桃李
spring up like mushrooms 雨后春笋
昙花一现 a flash in the pan
世外桃源 Shangri-la or Arcadia

(四) 意译法

由于文化背景不同,有些中西方植物词难以从字面意思来理解,采取直译行不通,这时译者可采取意译法,舍弃原文中的植物形象,将原文中的植物词所暗含的意义传递出来。例如：

full of beans 精神旺盛
potatoes and roses 粗茶淡饭
Lily is the apple of her grandmother's eyes.
莉莉是她奶奶的掌上明珠。
望梅止渴 to feed on facies
胸有成竹 have a well-thought-out plan

参考文献

[1][英]雷蒙德·弗思著,费孝通译.人文类型[M].北京:华夏出版社,2002.

[2]白靖宇.文化与翻译(修订版).北京:中国社会科学出版社,2010.

[3]包惠南,包昂.中国文化与汉英翻译[M].北京:外文出版社,2004.

[4]陈福康.中国译学理论史稿[M].上海:上海外语教育出版社,2000.

[5]成昭伟,周丽红.英语语言文化导论[M].北京:国防工业出版社,2011.

[6]方梦之.译学辞典[M].上海:上海外语教育出版社,2003.

[7]高占祥.论节日文化[M].北京:文化艺术出版社,1999.

[8]郭著章.翻译名家研究[M].武汉:湖北教育出版社,1999.

[9]何江波.英语翻译理论与实践教程[M].长沙:湖南大学出版社,2010.

[10]胡庚申.生态翻译学:建构与诠释[M].北京:商务印书馆,2013.

[11]胡文仲.跨文化交际学概论[M].北京:外语教学与研究出版,1999.

[12]金惠康.跨文化交际翻译续编[M].北京:中国对外翻译出版公司,2003.

[13]克利福德·格尔茨著,韩莉译.文化的解释[M].上海:上海译林出版社,1999.

[14]兰萍.英汉文化互译教程[M].北京:中国人民大学出版社,2010.

[15]廖七一.当代西方翻译理论探索[M].南京:译林出版社,2004.

[16]林语堂.孔子的智慧[M].长春:东北师范大学出版社,1994.

[17]林语堂.老子的智慧[M].长春:东北师范大学出版社,1994.

[18]林语堂.林语堂名著全集[M].长春:东北师范大学出版社,1994.

[19]林语堂.苏东坡传[M].长春:东北师范大学出版社,1994.

[20]林语堂.中国传奇[M].长春:东北师范大学出版社,1994.

[21]刘承华.文化与人格——对中西方文化差异的一次比较[M].合肥:中国科学技术大学出版社,2002.

[22]刘军平.西方翻译理论通史[M].武汉:武汉大学出版社,2009.

[23]刘宓庆.文化翻译论纲[M].武汉:湖北教育出版社,1999.

[24]刘英凯.华夏文化自我中心观及外来语的汉译[A].文化与传播(第二辑)[C].上海:上海文化出版社,1994.

[25]卢红梅.华夏文化与汉英翻译(第二部)[M].武汉:武汉大学出版社,2008.

[26]卢红梅.华夏文化与汉英翻译[M].武汉:武汉大学出版社,2006.

[27]马会娟.汉英文化比较与翻译[M].北京:中国对外翻译出版有限公司,2014.

[28]南怀瑾.周易今注今译[M].天津:天津古籍出版社,1987.

[29]平洪,张国扬.英语习语与英美文化[M].北京:外语教学与研究出版社,1999.

[30]孙艺风.视角 阐释 文化——文学翻译与翻译理论[M].北京:清华大学出版社,2004.

[31]孙英春.跨文化传播学导论[M].北京:北京大学出版

社,2008.

[32]谭载喜.西方翻译简史[M].北京:商务印书馆,1991.

[33]汪德华.中国与英美国家习俗文化比较[M].杭州:浙江大学出版社,2011.

[34]王德春.汉语国俗词典[M].南京:河海大学出版社,1990.

[35]王祥云.中西方传统文化比较(第2版)[M].郑州:河南人民出版社,2006.

[36]王佐良.翻译:思考与试笔[C].北京:外语教学与研究出版社,1989.

[37]魏海波.实用英语翻译[M].武汉:武汉理工大学出版社,2009.

[38]武锐.翻译理论探索[M].南京:东南大学出版社,2010.

[39]萧俊明.文化转向的由来[M].北京:社会科学文献出版社,2004.

[40]谢天振.译介学[M].上海:上海外语教育出版社,1999.

[41]宿荣江.文化与翻译[M].北京:中国社会出版社,2009.

[42]闫文培.全球化语境下的中西文化及语言对比[M].北京:科学出版社,2007.

[43]严明.大学英语翻译教学理论与实践[M].长春:吉林出版集团有限责任公司,2009.

[44]严明.跨文化交际理论研究[M].哈尔滨:黑龙江大学出版社,2009.

[45]阎传海,张梅娟.英汉词汇文化对比研究[M].西安:西安交通大学出版社,2008.

[46]杨绛.孝顺的厨子——《堂·吉可德》台湾版译者前言[A].杨绛作品集[C].呼和浩特:内蒙古人民出版社,1998.

[47]殷莉,韩晓玲等.英语习语与民俗文化[M].北京:北京大学出版社,2007.

[48]张全.全球化语境下的跨文化翻译研究[M].昆明:云南大学出版社,2010.

[49]张维友.英汉语词汇对比研究[M].上海:上海外语教育出版社,2010.

[50]郑春苗.中西文化比较研究[M].北京:北京语言出版社,1994.

[51]安美华.英汉数字习语对比[D].延吉:延边大学,2008.

[52]白合慧子.关联理论视阈下《黄帝内经》文化负载词的翻译研究[D].南京:南京中医药大学,2017.

[53]郭雪松.中西服饰审美文化溯源与比较[D].苏州:苏州大学,2009.

[54]黄杨英.关联翻译理论与幽默讽刺文本的翻译[D].上海:上海外国语大学,2009.

[55]刘欣.从变译理论角度研究汉英同传中文化负载词的翻译策略[D].北京:北京外国语大学,2016.

[56]刘雅峰.译者的适应与选择:外宣翻译过程研究[D].上海:上海外国语大学,2009.

[57]吕丽丽.阐释学翻译理论视角下《儒林外史》俄译本中文化负载词的翻译研究[D].呼和浩特:内蒙古师范大学,2018.

[58]孙雪瑛.诠释学视阈下的《聊斋志异》翻译理论[D].上海:上海外国语大学,2014.

[59]王少飞.文学翻译的"归化"和"异化"[D].北京:对外经济贸易大学,2006.

[60]徐闵.生态翻译学视域下会议口译中文化负载词口译研究[D].福州:福建师范大学,2017.

[61]杨露.翻译中的归化与异化——以《文化透视英语教程》为例[D].长沙:湖南师范大学,2011.

[62]蔡晓琳.中西饮食文化对比分析[J].经济研究导刊,2013,(6).

[63]曹明伦.文本目的——译者的翻译目的[J].天津外国语学院学报,2007,(4).

[64]曹润霞.英汉禁忌语对比与翻译[J].知识经济,2015,(7).

[65]常瑞娟,王燕.变译理论在旅游文本翻译中的应用[J].晋中学院学报,2018,(1).

[66]陈雪芬.英汉数字的文化差异及翻译方法[J].文教资料,2007,(5).

[67]段宗社.解释学浅析[J].陕西师范大学继续教育学报,2003,(12).

[68]何彭彭.动植物的文化内涵与翻译[J].黑龙江科学,2014,(8).

[69]何自然,冉永平.关联理论——认知语用学基础[J].现代外语,1998,(3).

[70]洪立玲.浅析汉语文化负载词及其英译策略探究[J].海外英语,2018,(4).

[71]侯贺英,陈曦.文化体验理论对文化教学的启发[J].时代经贸,2012,(2).

[72]胡开宝.论异化与《新世纪汉英大词典》中文化限定词的翻译[J].外语教学,2006,(1).

[73]胡邵廷.英汉禁忌语和委婉语在英汉互译中的处理技巧分析[J].兰州交通大学学报,2013,(2).

[74]贾竑.生态翻译学视角下汉语文化负载词的外宣英译[J].探索带,2016,(5).

[75]金涛声.华夏饮食心态与饮食文化[J].宁波大学学报,1997,(3).

[76]金奕彤.从"创意"到"创译":译者创造性思维的应用[J].上海翻译,2019,(1).

[77]雷冬娟.英汉颜色词对比与翻译[J].安徽文学(下半月),2018,(9).

[78]李朝艳,胡宗锋.《丰乳肥臀》英译本中汉语文化负载词的翻译原则探析[J].宁夏大学学报(人文社会科学版),2019,(2).

[79]李海琴.英汉植物词文化内涵的对比研究[J].科教文汇(上旬刊),2013,(6).

[80]李开荣.文化认知与汉英文化专有词目等值释义[J].南京大学学报,2002,(6).

[81]李珊珊.阐释学视角下《黄帝内经》文化负载词的英译研究[J].现代交际,2016,(3).

[82]梁天柱.英汉颜色词的文化对比与翻译[J].湛江师范学院学报,2008,(1).

[83]刘白玉.英文电影《泰坦尼克号》禁忌语翻译研究[J].电影文学,2008,(6).

[84]刘洋洋.中国地域文化与饮食翻译[J].科技资讯,2017,(26).

[85]栾颖.民族文化负载词的外译[J].中国高新区,2017,(23).

[86]潘德荣,齐学栋.诠释学的源与流[J].学习与探索,1995,(1).

[87]宋阿敏.数字"7"的英汉文化内涵对比[J].现代语文(语言研究版),2014,(12).

[88]孙波.中西饮食文化差异对比分析[J].海外英语,2011,(12).

[89]孙益春.浅谈西湖景点名称的翻译[J].中国科技信息,2007,(11).

[90]谭卫国.略论翻译的种类[J].上海师范大学学报,2002,(3).

[91]王华颖.语言禁忌及其翻译[J].文教资料,2006,(31).

[92]王静希.中西文化中动物的文化内涵及翻译方法——以龙、凤、蛇为例[J].海外英语,2014,(9).

[93]王祥.全球化语境下文化负载词的翻译策略探讨[J].开封教育学院学报,2017,(8).

[94]王燕.建构主义视觉下旅游景点翻译策略研究[J].洛阳师范学院学报,2019,(7).

[95]乌永志.文化遗产型景区双语解说问题与探讨——以西安为例[J].人文地理,2010,(6).

[96]吴康宁.教育的社会功能诸论评述[J].华中师范大学学报,1996,(3).

[97]夏宁.论阐释学的翻译观[J].语言与翻译,2007,(3).

[98]肖唐金.跨文化交际翻译学:理论基础、原则与实践[J].

贵州民族大学学报,2018,(3).

[99]谢上连.英汉习语中数字"9"的文化内涵比较[J].湖南科技学院学报,2011,(7).

[100]熊兵.基于语料库的旅游文本英译文词汇特征及翻译研究[J].华中师范大学学报(人文社会科学版),2016,(5).

[101]熊蕾.英汉植物词汇的文化内涵对比分析[J].海外英语,2013,(22).

[102]熊婷婷.功能翻译理论视角下的旅游翻译[J].四川教育学院学报,2009,(2).

[103]徐英辉.汉英动植物词语的文化内涵对比及翻译[J].长春理工大学学报,2011,(4).

[104]闫文培.对立统一的和谐理念观照下的跨文化翻译原则与策略[J].阅江学刊,2010,(4).

[105]杨娇.汉英字幕文化负载词翻译的生态三维转换[J].湖北第二师范学院学报,2019,(1).

[106]杨丽华.旅游语篇英译的建构主义翻译观[J].齐齐哈尔大学学报(哲学社会科学版),2013,(3).

[107]于丹丹.文化负载词的翻译"入"与"出"[J].大众文艺,2017,(6).

[108]翟宁宁.中华饮食文化翻译[J].戏剧之家,2018,(10).

[109]张德让.伽达默尔哲学解释学与翻译研究[J].中国翻译,2001,(7).

[110]张慧.旅游景点名称翻译的模糊对等原则研析[J].商业文化,2017,(26).

[111]张建花.阐释学视角下文化负载词的翻译——以葛浩文版《丰乳肥臀》英译本为例[J].漯河职业技术学院学报,2015,(6).

[112]张丽美.英汉人名文化比较及翻译[J].长春教育学院学报,2009,(6).

[113]张美芳.文化途径看澳门——浅谈澳门世界遗产景点译名[J].上海翻译,2009,(2).

[114]张琪,董维山.汉语文化负载词英译的生态翻译学诠释[J].赤子(上中旬),2016,(21).

[115]赵云.英汉植物词汇文化对比与翻译[J].海外英语,2016,(14).

[116]周巍巍.试论汉英动植物词语的文化内涵与翻译技巧[J].赤峰学院学报(汉文哲学社会科学版),2011,(5).

[117]邹瑞,刘鹏.浅析"狼"在英汉语言中的隐喻含义[J].海外英语,2011,(13).

[118]邹莹.皮亚杰与维果斯基的建构主义比较[J].外语学刊,2009,(5).

[119]Baker M. *In Other Words: A Coursebook on Translation*[M]. London and New York: Routledge, 1992.

[120]Even-Zohar, Itamar. The Position of the Translated Literature within the Literary Polysystem[A]. *The Translation Studies Reader*[C]. Lawrence Venuti. London and New York: Routledge, 2000.

[121]Gentzler, E. *Contemporary Translation Theories*[M]. New York: Routledge Inc., 1993.

[122]Gorlee, L. *Semiotics and the Problem of Translation: With Special Reference to the Semiotics of Charles S. Peirce*[M]. Amsterdam/Atlanta: Editions Rodopi B. V., 1994.

[123]Hartman R. R. K. et al. *Dictionary of Lexicography*[M]. Beijing: Foreign Language Teaching and Research Press, 2000.

[124]Jan de Waard & Eugene Nida. *From One Language to Another: Functional Equivalence in Bible Translating*[M]. Scotland: Thomas Nelson, 1986.

[125]Katan, David. *Translating Cultures*[M]. Manchester: St. Jerome Publishing, 1999.

[126]Lance, H. & M. Jacky. *Redefining Translation: The Variational Approach*[M]. London and New York: Routledge, 1991.

[127] Phillipson, Robert. Book Review[J]. *Language Policy*, 2006,(5).

[128] Sperber, D. & D. Wilson. *Relevance: Communication and Cognition*[M]. Oxford:Blackwell,1986/1995.

[129] Toury, Gideon. *Descriptive Translation Studies and Beyond*[M]. Amsterdam/Philadelphia:John Benjamins Publishing Company,1995.

[130] Tymoczko, Maria. *Translation in a Postcolonial Context: Early Irish Literature in English Translation*[M]. Manchester:St. Jerome Publishing,1999.

[131] Venuti, L. *The Translator's Invisibiliy:A History of Translation*[M]. London and New York:Routledge,1995.

结　语

翻译的本质是一种文化活动,文化因素对翻译作用不可低估。不同民族的语言交流,从实质上说就是文化层面的交流。因此,只有对文化内涵予以重视,才能克服翻译的障碍,实现文化交流。在翻译的研究中,研究者们也将研究的重点放在文化领域,这体现了翻译研究的新趋势。"文化转向"的出现也大大拓宽了翻译研究的视野,为当前的翻译研究带来了新的挑战。文化研究能否脱离传统翻译观的本体研究,能否对传统的语言研究进行替代仍旧是一个疑问,但这并不妨碍人们从"文化转向"的视角研究与描写翻译过程。这也是本书的研究核心与焦点。

从理论层面来说,翻译文化转向有其合理性,而且意义显著。因此,本书开头以文化、翻译的基础知识着笔分析,在此基础上探究二者结合的意义、原则、策略,并且分析在融合中出现的翻译误区,以彰显文化翻译的基本问题。

由于20世纪90年代出现了翻译研究的文化模式,其标志着翻译研究朝向"文化转向"的潮流发展。一些学者也从自身的视角出发,提出了各自的文化翻译观,如玛丽·斯内尔-霍恩比、苏珊·巴斯奈特、安德烈·勒菲弗尔以及林语堂等人。这些观点对于中西方文化翻译研究的发展做出了巨大贡献,也为之后的研究提供了借鉴。

在文化翻译研究中,文化负载词在文化意义承载层面具有典型性,且翻译策略的选择在很大程度上会对客观反映源语文化的程度产生影响。因此,本书将文化负载词单独列成一章来论述,探讨具体的翻译问题与策略。

理论的研究在于指导实践,因此本书最后基于文化转向视角,从习语、典故、禁忌语、人名、景点名称、数字、饮食、服饰、节日、颜色、动物、植物等层面入手探讨具体的翻译,以探究各自深刻的文化内涵,为人们顺利进行跨文化交际服务。

　　总之,本书对文化翻译相关问题进行了全面、深入的分析和阐述,以玛丽·斯内尔-霍恩比、苏珊·巴斯奈特、安德烈·勒菲弗尔以及林语堂等人的文化翻译观作为理论依据,充分把握文化与翻译的紧密关系,解决具体的文化翻译问题,并力图做到内容全面、重点突出、条理清晰、结构合理、逻辑有序,具有可读性,对于读者与研究者来说具有重要的参考价值。